Rheinisch-Westfälische Akademie der Wissenschaften

Geisteswissenschaften

Vorträge · G 305

Herausgegeben von der
Rheinisch-Westfälischen Akademie der Wissenschaften

RÜDIGER SCHOTT

Afrikanische Erzählungen als religionsethnologische Quellen
– dargestellt am Beispiel von Erzählungen der Bulsa in Nordghana

Westdeutscher Verlag

335. Sitzung am 17. Januar 1990 in Düsseldorf

CIP-Titelaufnahme der Deutschen Bibliothek

Schott, Rüdiger:
Afrikanische Erzählungen als religionsethnologische Quellen: dargestellt am Beispiel von Erzählungen der Bulsa in Nordghana / Rüdiger Schott. – Opladen: Westdt. Verl., 1990
(Vorträge / Rheinisch-Westfälische Akademie der Wissenschaften: Geisteswissenschaften; G 305)
ISBN 3-531-07305-2
NE: Rheinisch-Westfälische Akademie der Wissenschaften (Düsseldorf): Vorträge / Geisteswissenschaften

Der Westdeutsche Verlag ist ein Unternehmen der Verlagsgruppe Bertelsmann International.

© 1990 by Westdeutscher Verlag GmbH Opladen
Herstellung: Westdeutscher Verlag
Satz, Druck und buchbinderische Verarbeitung: Boss-Druck, Kleve
Printed in Germany
ISSN 0172-2093
ISBN 3-531-07305-2

Inhalt

Diskussionbeiträge
Professor Dr. phil. *Walther Heissig;* Professor Dr. phil. *Rüdiger Schott;*
Professor Dr. phil. *Christian Lehmann;* Professor Dr. phil. *Friedrich Scholz;*
Professor Dr. theol. *Bernhard Kötting;* Professor Dr. phil. *Walter Mett-*
mann; Professor Dr. theol., Dr. theol. h. c. *Bruno Schüller;* Professor
Dr. phil. *Werner Besch;* Professor Dr. phil., Dr. phil. h. c. *Reinhold Merkel-*
bach; Professor Dr. theol., Dr. phil. *Siegfried Herrmann* 57

1. Einleitung: „Texte" als ethnographische Quellen

Bei der teilnehmenden Beobachtung und der Informantenbefragung, den beiden wichtigsten Techniken der ethnographischen Feldforschung, geht der Forscher mit seiner Person unmittelbar in die Datenerhebung ein. Vorurteile, sprachliche und sachliche Mißverständnisse sowie Fehleinschätzungen aller Art können die mit diesen Techniken erhobenen Daten verfälschen.

BRONISLAW MALINOWSKI, der Mitbegründer einer funktionalistischen Richtung der Ethnologie, hat daher bereits 1922 in seinem ersten großen Werk über die Trobriand-Insulaner in Nordwest-Melanesien zusätzlich zur teilnehmenden Beobachtung und zur Informantenbefragung eine dritte Methode der ethnographischen Datenerhebung vorgeschlagen: Mündliche Äußerungen von Mitgliedern der untersuchten ethnischen Gruppe sollten in ihrer eigenen Sprache aufgenommen werden. MALINOWSKI (1922:24) bemerkt dazu: „Eine Sammlung von ethnographischen Äußerungen, charakteristischen Erzählungen, Einzelheiten der Folklore und magischen Formeln sollte als ein *corpus inscriptionum*, als Dokumente der Eingeborenenmentalität, wiedergegeben werden." Alle drei Untersuchungsmethoden sollen zum Endziel der ethnographischen Forschung führen: „Dieses Ziel besteht, kurz gesagt, darin, die Ansicht des Eingeborenen zu erfassen, seine Beziehung zum Leben, *seine* Anschauung *seines* Lebens zu erkennen." (MALINOWSKI 1922:25)[1]

Während Malinowski selbst in seinen Werken über die Trobriand-Insulaner oft und ausführlich solche „Texte" in der Sprache der Trobriander veröffentlichte und als wichtige Quellen auch für seine theoretischen Überlegungen heranzog,[2] hat

---

[1] Hervorhebungen von MALINOWSKI, Übersetzung vom Verfasser.

[2] So z. B. in dem angeführten Werk vor allem im Kapitel XII über die „Mythologie" des Kula-Zeremonialtausches und in den Kapiteln XVII über die „Magie" des Kula und XVIII „The Power of Words in Magic – Some Linguistic Data". Aber auch der zweite Band seines großen Werkes über den Gartenbau der Trobriand-Insulaner (MALINOWSKI 1935) ist der „Language of Magic and Gardening" gewidmet und gibt zahlreiche von MALINOWSKI aufgenommene Texte der Trobriander wieder. In dem von RAYMOND FIRTH herausgegebenen Sammelband „Man and Culture – An Evaluation of the Work of Bronislaw Malinowski" (London 1970) würdigt der nicht mit ihm identische J. R. FIRTH in seinem Beitrag, betitelt „Ethnographic Analysis and Language with Reference to Malinowski's Views", bezeichnenderweise nur die linguistischen Aspekte der Arbeiten MALINOWSKIS, nicht jedoch die Bedeutung der von ihm aufgenommenen Texte für die Ethnographie der Trobriand-Insulaner. Auch KABERRY geht in ihrem Beitrag über die Feldforschungsmethoden MALINOWSKIS nur flüchtig auf die Aufnahme von Texten ein (KABERRY 1970:79).

diese Methode der Datenerhebung bei seinen Nachfolgern wenig Anklang gefunden.

Vereinzelt blieb auch der Versuch von FRANZ BOAS, dem 1858 in Minden in Westfalen geborenen, 1887 in die USA ausgewanderten Begründer der amerikanischen Cultural Anthropology, Erzählungen und Mythen, die er bei den Tsmishian und bei den Kwakiutl, ethnischen Gruppen der Nordwestküstenindianer, aufgenommen hatte, auf deren ethnographische Aussagen hin zu untersuchen. Schon 1916 hatte BOAS einen derartigen Versuch in seinem Werk „Tsimshian Mythology" (BOAS 1916) unternommen. In der Einleitung zu seinem Buch „Kwakiutl Culture as Reflected in Mythology" (New York 1935) schreibt er dazu: „Der diesem Versuch zugrundeliegende Gedanke war, daß die Erzählungen [der Tsimshian] wahrscheinlich alles enthalten, was für die Erzähler von Interesse ist und daß auf diese Weise ein Bild ihrer Art und Weise zu denken und zu fühlen erscheinen wird, das ihre Vorstellungen so frei von Voreingenommenheiten des europäischen Beobachters wiedergibt, wie dies nur möglich ist." (BOAS 1935:V).

Aus seinen umfangreichen Veröffentlichungen von Erzählungen und Mythen der Kwakiutl hat BOAS unter anderem religionsethnologisch relevante Aussagen über Zeremonialobjekte und kultische Zeremonien (BOAS 1935:78–84), über die zeremoniellen Beziehungen der Kwakiutl zu übernatürlichen Mächten (ebd.: 84–98), über magische Kräfte und Gegenstände (ebd.: 98–113), über die Weltanschauung (ebd.: 125–140) und übernatürliche Wesen (ebd.: 140–149) zusammengestellt.

Was die Völker Afrikas südlich der Sahara angeht, so hat HERMANN BAUMANN in einem Werk „Schöpfung und Urzeit des Menschen im Mythus der afrikanischen Völker" (1936, Neudruck 1964) mündliche Überlieferungen auf ihre entsprechenden Aussagen hin ausgewertet. Das Werk ist in drei Kapitel gegliedert, die „die Kraft der Schöpfung (Hochgötter, Urahnen, Welteltern, Heilbringer usw.)", den „Schöpfungsprozeß und das Leben der ersten Menschen" und die „Ursprünge der menschlichen Kultur im afrikanischen Mythus" behandeln. Von ihm so genannte, aber als Gattungsbegriff nicht näher definierte „Märchen" bilden einen großen Teil seines Quellenstoffs: „Es mußte ja nicht nur das rein mythische Material, sondern auch der Märchenschatz durchgearbeitet werden, da sich wichtige Erläuterungen zum Mythus oft nur aus Märchen gewinnen ließen." (BAUMANN 1936:1). BAUMANNS großes Werk beschränkt sich auf die Darstellung von Glaubensvorstellungen, während es Aussagen über religionsethnologisch bedeutsame „Sitten, Gebräuche [...] und Riten", soweit sie sich in den mündlichen Überlieferungen afrikanischer Völker widerspiegeln, nur zur „skizzenartigen Abrundung" (BAUMANN 1936:373 ff.) seines Werkes anführt.

2. „Märchen und Wirklichkeit" bei den Bulsa in Nordghana

Über die Zusammenhänge zwischen „Leben und Dichtung" der Bulsa[3] in Nordghana habe ich hier auf einer Sitzung der Arbeitsgemeinschaft für Forschung des Landes Nordrhein-Westfalen am 16. Juli 1968 referiert (vgl. SCHOTT 1970). Meine Ausführungen beruhten auf einer ersten ethnographischen Feldforschung bei den Bulsa während der Monate September 1966 bis Anfang April 1967. Während meines ersten Aufenthaltes hatte ich unter anderem etwa sechzig Erzählungen der Bulsa aufgenommen. In den vergangenen zwei Jahrzehnten folgten mit dankenswerter Unterstützung der Deutschen Forschungsgemeinschaft weitere Aufenthalte bei den Bulsa von September 1974 bis März 1975 und jüngst von September 1988 bis Mitte März 1989. Allein auf der letzten Forschungsreise haben meine ghanaischen und deutschen Mitarbeiter und ich mehr als tausend Erzählungen der Bulsa aufgenommen, so daß inzwischen ein Korpus von mehr als 1300 mündlich überlieferten Erzählungen[4] dieser westafrikanischen Ethnie vorliegt, und damit wahrscheinlich eines der umfangreichsten Korpora von Erzählungen einer einzelnen afrikanischen Ethnie überhaupt. Die meisten Texte wurden bereits während meines Aufenthaltes in Ghana von Tonbandaufnahmen im Buli, der Sprache der Bulsa, abgeschrieben und liegen in einer englischen Rohübersetzung vor. Sie werden derzeit im Rahmen eines ebenfalls von der Deutschen Forschungsgemeinschaft finanzierten Forschungsprojektes zur „Motivanalyse afrikanischer Erzählungen" in der Arbeitsstelle für Erzählforschung des Seminars für Völkerkunde der Universität Münster bearbeitet und zur Edition vorbereitet.[5]

Hier und heute möchte ich der Frage nachgehen: Lassen sich die Erzählungen der Bulsa als religionsethnologische Quellen benutzen? Wenn diese Frage grundsätzlich bejaht werden kann, schließt sich an sie eine weitere an: Welches Bild geben diese Erzählungen, die wir nach unseren Begriffen größtenteils der Gattung „Märchen" zuordnen würden, von den Glaubensvorstellungen und Kultpraktiken der Bulsa? Anders gefragt: Wie verhalten sich „Märchen und Wirklichkeit" – so der Titel einer großen „volkskundlichen Untersuchung" von LUTZ RÖHRICH (1956) – in bezug auf die Religion der Bulsa zueinander?

---

[3] Die Bulsa (Sing. Bulo) sind eine Ethnie im Norden Ghanas von ca. 70 000 Menschen, die das Buli, eine zum Moore-Dagbani-Zweig gehörende Gur-Sprache sprechen. Zur Einführung in die Ethnographie der Bulsa vgl. SCHOTT 1970 und KRÖGER 1978. – Für die kritische Durchsicht der vorliegenden Abhandlung danke ich Herrn Dr. FRANZ KRÖGER.

[4] Da einige Tonbandaufnahmen zur Zeit noch transkribiert werden, läßt sich die genaue Zahl der aufgenommenen Erzählungen noch nicht angeben.

[5] Darüber habe ich kürzlich in der Zeitschrift „Fabula" berichtet, vgl. SCHOTT 1989a. Zur Edition der Erzählungen hat in einem früheren Stadium der Arbeiten auch die Regierung des Landes Nordrhein-Westfalen einen finanziellen Beitrag geleistet, für den ich ihr an dieser Stelle meinen Dank aussprechen möchte.

RÖHRICH behandelt in einem eigenen Kapitel über „Das Märchen der Gegenwart als geglaubte Wirklichkeit" auch die von ihm so genannten „Naturvölkererzählungen". Er schreibt dort u. a.: „Es fällt uns schwer, die noch mitten im Volksglauben stehenden Erzählungen als ‚Märchen' zu bezeichnen. Sicher sind sie es noch nicht im Sinne einer erfabelten Phantasieerzählung. Wunder und Zauber sind darin vielfach noch nicht Gegenstand der unterhaltenden Erzählung... Aber auch dort, wo Naturvölkererzählungen die Grenze der geglaubten Wirklichkeit schon zum ‚Märchen' in unserem Sinne hin überschritten haben, lassen sich oftmals die märchenhaft-phantastischen Züge noch als Nachwirkung einer älteren Schicht mythischer Glaubenswirklichkeit erweisen." (RÖHRICH 1956:119 f.)

Die Zusammenhänge zwischen dem, was die Bulsa als „real" ansehen und dem, was auch sie der Welt des Fiktiven oder Phantastischen zuweisen, sind gerade im Bereich der Religion überaus vielschichtig und verwickelt. Gott, die Totengeister und die Buschgespenster, Unholde oder Oger, die in vielen Erzählungen der Bulsa handelnd auftreten, sind nicht in dem Sinne „real" wie Techniken des Anbaus und der Nahrungsherstellung. Die religiösen Gestalten sind aber auch nicht reine Phantasiegebilde wie beispielsweise in vielen Erzählungen der Bulsa auftretende singende oder sprechende Vögel, die Trickster-Figur des schlauen Hasen oder der von zehn Frauen gemeinsam geborene Held namens „Sohn-von-zehn-Frauen". In den Erzählungen der Bulsa sind die Grenzen zwischen dem Geglaubten und dem Phantasierten oft schwer bestimmbar, wie dies ganz allgemein auch bereits LUTZ RÖHRICH in der Einleitung zu seinem genannten Werk feststellte:

„Die Definition ‚unwirklich' genügt ... nicht, um das Märchen zu bestimmen, denn auch das Übernatürliche und Wunderbare der Zaubermärchen hat seine Grenze: es gibt Dinge, die auch dem echten Zaubermärchen als ‚unwirklich' erscheinen würden, und nicht jedes in Gedanken konstruierbare Wunder wäre auch als Märchenwunder zu verwenden. Hier zeigt sich die *eigentliche* Wirklichkeitsauffassung, denn dieses Nicht-Mögliche erst ist für den Erzähler das eigentlich Nicht-Wirkliche ... Jedes Volksmärchen ist noch irgendwie mit der Wirklichkeit verbunden. Zwar stehen real-mögliche und real-unmögliche Geschehnisse unbekümmert neben- und durcheinander, und das Kausalgesetz scheint oft genug aufgehoben zu sein, aber dennoch bestehen gewisse Kausalitäten weiter. So ist das Volksmärchen phantastisch und realistisch zugleich, und diese Mischung macht einen wichtigen Teil seines Wesens aus." (RÖHRICH 1956:2 f.)

Daran knüpfen sich weitere, im einzelnen schwer zu beantwortende Fragen: Was glauben die Bulsa von dem in ihren Erzählungen Berichteten, was halten sie für wahr im Sinne ihres religiösen Glaubens? Was von dem Geglaubten und Für-wahr-Gehaltenen wird von ihnen im religiösen Sinne ernst genommen? Finden Bulsa-Erzählungen über die Untaten von im Busch lebenden Unholden, sog. *kikita* (sing. *kikiruk*), mehr Glauben als bei uns der Wolf im Märchen von Rotkäppchen oder die Hexe im Märchen von Hänsel und Gretel? Was entspricht bei den Bulsa unserem „Glauben" an den Weihnachtsmann und an den Osterhasen? Manche schwankhaften Tiererzählungen der Bulsa, in denen z. B. in zahllosen Variationen gezeigt wird, wie der schlaue Hase die gefräßige Hyäne überlistet, haben mit religiösen Glaubensvorstellungen vermutlich wenig zu tun. Die Erzählungen werden in abendlicher Runde zur Unterhaltung und nicht zur religiösen Erbauung vorgetragen. Doch auch zum Vergnügen erzählte Tiergeschichten können eine ernst zu nehmende religiöse Botschaft vermitteln. Aber wie ernst sind Erzählungen mit mythischen Motiven zu nehmen, die eine gewichtige „Botschaft" mit den Mitteln der Komik verkünden? Hierfür ein Beispiel: Meine Mitarbeiterin, Frau Dr. SABINE DINSLAGE, nahm am 13. Februar 1989 in Sandema, dem Hauptort der Bulsa, folgende Erzählung (BUL-E 1328[6]) auf:

Hase[7] freite um die Tochter eines Häuptlings. Dessen Frau, die Mutter des Mädchens, stellte Hase die Bedingung, daß er, wenn sie stürbe, sich mit ihr begraben ließe. Hase stimmte dem zu, und die Frau des Häuptlings gab ihm ihre Tochter. Nach nur drei Tagen starb Hases Schwiegermutter. Hase stimmte, wie das bei den Bulsa Sitte ist, die Totenklage für seine Schwiegermutter an. Als er so im Busch saß und wehklagte, kam ein nicht näher bestimmtes „Ding" oder „Wesen" (jaab)[8] vom Himmel und fragte, weshalb Hase weine. Der Hase erklärte, er sei zum Häuptling gegangen und habe dessen Tochter unter der Bedingung geheiratet, daß er sich mit deren Mutter begraben lasse, wenn sie sterbe. Nun sei es soweit, und er wisse nicht, was er tun solle. Das „Ding" vom Himmel sagte ihm, er solle zum Gehöft des Häuptlings gehen, entsprechend den Trauerbräuchen der Bulsa im Hause wehklagen, ebenso außerhalb des Hauses, und sich dann auf den Aschehaufen vor dem Gehöft des Häuptlings hinstellen und ausrufen: „O Gott, oh Gott, gib mir alles, was wir [als Bauern] brauchen: die Hacke und das Junge von einem Stück Vieh, damit will ich zu meiner Schwiegermutter gehen und mit ihr [im Grabe] ruhen. Alle anderen Leute, die die Arbeit tun, bleiben [ohne diese Dinge] zurück und müssen für ihre Nahrung selbst sorgen; wir werden sehen, was sie essen werden." Der Hase befolgte diese Anweisung, und als er auf dem Aschehaufen vor dem Gehöft des Häuptlings ausrief: „Oh Gott, oh Gott, gib mir, was wir [als Bauern] benutzen, eine Hacke, um Anbau zu treiben und das Junge von einem Stück Vieh, dann will ich meiner Schwiegermutter [ins Grab] folgen usw.", da gab ihm Gott diese für den Lebensunterhalt notwendigen Sachen. Seine Schwiegermutter aber erhob sich und

---

[6] Die Nummern beziehen sich auf Bulsa-Erzählungen, die in der Arbeitsstelle für Erzählforschung des Seminars für Völkerkunde der Universität Münster archiviert sind.

[7] Die Tiernamen werden in Bulsa-Erzählungen meistens personalisiert, indem der Tierbezeichnung, wie bei menschlichen Namen, ein A- vorgesetzt wird. Asuom ist also der Eigenname „Hase" von suom, def. suomu, pl. suensa (ein bzw. der) Hase.

[8] Vgl. dazu die Angaben zum Worte jaab im Wörterverzeichnis am Schluß (Seite 52).

sagte, Hase solle mit diesen Sachen nicht fortgehen; sie habe nur so getan, als ob sie tot sei, um zu sehen, ob Hase sein Versprechen einhalten würde. Der Erzähler schließt diese Geschichte mit der Bemerkung: So kommt es, daß wir Nahrungsmittel haben. Wenn nicht die Schwiegermutter gewesen wäre, hätte Hase alle [zum Anbau notwendigen] Sachen [in den Busch] mitgenommen.

Religionsethnologisch gesehen ist in dieser schwankhaften Erzählung die „Botschaft": „Die zur Nahrungserzeugung notwendigen Dinge – Geräte und Jungtiere – kommen vom Himmelsgott" bedeutsamer als die Erzählung als solche. Das gilt auch für viele andere Erzählungen der Bulsa, gleichgültig, welcher Gattung sie zuzuordnen sind.

Die begrifflichen Kategorien, nach denen die Bulsa selbst ihre Erzählungen in Gattungen einteilen, geben uns keine Antwort auf die Frage nach dem religiösen Glaubensgehalt und der Wirklichkeitsauffassung der Bulsa. An Erzählgattungen kennen die Bulsa zum einen *sunsueli*, def. *sunsuelini* oder *sunsueni*, pl. *sunsuelima* oder *sunsuela*, was etwa unseren Begriffen ‚Erzählung', ‚Geschichte', ‚Märchen', ‚Fabel' entspricht;[9] zu einem *sunsueli* gehören vielfach Lieder, die vom Erzähler solo gesungen werden und auf die die Zuhörer im Chor antworten. Eine andere Gattung von Erzählungen heißt *wa-magsini*, pl. *wa-magsima*, ein Kompositum aus den Wörtern *wari*, ‚Ding', ‚Sache', ‚Ereignis', ‚Wort', ‚Neuigkeit', ‚Problem', ‚Frage', und *magsini* ‚beispielsweise', ‚instruktiv'. Ein *wa-magsini* ist also (nach KRÖGER s. d.): ‚1. [eine] Geschichte (gewöhnlich ohne Lieder mit einem Problem oder einer Frage am Ende), [eine] Parabel, [ein] Rätsel … 2. [ein] Sprichwort.' Beide Begriffe schließen sich jedoch nicht notwendigerweise aus, denn die Bulsa gebrauchen auch die zusammengesetzte Form *sunsueli magsini*, was soviel eißt wie eine ‚erläuternde, erklärende, veranschaulichende, informative Erzählung, die keinen phantastischen Charakter hat, keine Lieder enthält und mehr auf zu erinnernden Fakten beruht', auch: ‚Sprichwort'.[10] Oft sind Bulsa-Erzähler sich selbst nicht sicher, welcher Kategorie sie eine Erzählung zuordnen sollen. Es gibt schließlich noch die Erzählgattung *korum*, bestimmte Form *korumu* (ohne Plural), abgeleitet vom Wort *ko*, pl. *koma* ‚Vater', womit Erzählungen bezeichnet werden, die die ‚Taten und Bräuche der Ahnen, mündliche Überlieferungen der Ahnen' berichten, also am ehesten „Geschichte" in unserem Sinne[11] wiedergeben, einschließlich dessen, was wir als historische ‚Sagen' bezeichnen würden.

Als Beispiel für eine Erzählung der Bulsa, die zur Kategorie der *sunsuelima* gehört, füge ich eine an (BUL-E0225), die eine Bulsa-Hausfrau namens Awenpok,

---

9 Vgl. KRÖGER s. d. *sunsueli* … „story, narration, tale, fable".
10 Vgl. KRÖGER s. d., Eintragungen unter *magsini*, *sunsueli* und *wamagsini*.
11 KRÖGER s. d.: *korum* … „history (what the ancestors, *koma*, did, deeds and practices of the ancestors, oral traditions about the ancestors)."

etwa 35 Jahre alt, am 1. November 1988 in einer Erzählrunde, an der ich in Yuesi, einem Ort im südlichen Bulsa-Gebiet, teilnahm, wie folgt erzählte:[12]

Man sagt, daß in früherer Zeit, wenn Mädchen geboren wurden, man sie tötete, wenn jedoch Jungen geboren wurden, ließ man sie leben.

Ein Häuptling zeugte eine Tochter und verbarg sie in einem Raum [seines Gehöftes]. Die Tochter blieb am Leben und wuchs heran. Die Leute im Gehöft [des Häuptlings] guckten neugierig in den Raum, entdeckten die in diesem Raum herangewachsene Tochter des Häuptlings und sagten ihm: „Du hast gesagt: ‚Wenn jemand eine Tochter zur Welt bringt, dann ergreift sie und tötet sie!‘, aber du selbst hattest ein Mädchen gezeugt, hast sie verborgen und nun ist sie herangewachsen." Die Leute des Häuptlings wollten sie [ebenfalls] töten.

Sie schickten den Häuptling hinaus vor das Gehöft und sagten: „Der Häuptling hat sich hingestellt und seiner Frau gesagt: ‚Von jetzt an, wenn Mädchen geboren werden, sollen sie getötet werden, aber wenn Jungen geboren werden, soll man sie leben lassen‘. Nun hatte seine Frau ein Mädchen geboren und es wuchs heran..." Die Leute aus dem Gehöft des Häuptlings waren dagegen, mit der Tochter des Häuptlings eine Ausnahme zu machen; sie sagten, daß auch *seine* Tochter getötet werden sollte. Sie ließen sie nicht davonkommen.

Die Leute aus dem Gehöft des Häuptlings nahmen Malz [gekeimte Hirsekörner, wie sie zum Brauen von Hirsebier gebraucht werden], gaben sie der Tochter des Häuptlings und sagten ihr, sie solle hingehen und Wasser [von der Wasserstelle] holen. Das Mädchen nahm das Malz und ging in den Raum zum Hirsemahlen. Ein *Gbiin*-Vogel[13] setzte sich auf das Grasdach des Mahlraumes und sang:

[Solo:]
Adugpalie,[14] du mahlst das Korn deines Todes!
[Refrain:]
Und eine Ameise mit roter Taille kochte deine Eingeweide!
Und eine Ameise mit schwarzer Taille kochte deine Eingeweide!
[Chor:]
Adugpalie, ’dugpalie!

---

[12] Diese Erzählung gebe ich beispielshalber in annähernd wörtlicher Übersetzung wieder. Aus Zeitgründen kann ich die übrigen hier angeführten Erzählungen nur in mehr oder weniger abgekürzter und paraphrasierter Form anführen, wodurch leider der Reiz dieser Erzählungen großenteils verlorengeht.

[13] Nicht identifizierte Vogelart, die in vielen Bulsa-Märchen eine wichtige Rolle als Verkünder von Wahrheiten und zukünftigen Ereignissen, aber auch als Bote spielt. Herr Dr. Franz Kröger teilt mir dazu brieflich folgendes mit: „Leider konnte ich trotz einiger Bemühungen...den *Gbiin*-Vogel nicht identifizieren. Ich habe nur erfahren, daß er ein dunkelrotes Federkleid und einen gelben Schnabel hat. Sein Schrei klingt wie ‚gbiin‘."

[14] Der Name des Mädchens, Bedeutung unbekannt.

Als das Mädchen Adugpalie das Malz fertig gemahlen hatte, nahm sie ein irdenes Geschirr und ging zum Fluß. Auf dem Wege dorthin kam ihr der *Gbiin*-Vogel entgegen:

[Solo:]
Adugpalie 'dugpalie,
Du holst das Wasser deines Todes!
[Refrain und Chor wie oben]

Adugpalie holte das Wasser, brachte es zum Gehöft ihrer Eltern, vermischte das Mehl mit dem [zuvor bereits gebrauten] Hirsebier und rührte das Hirsebier um; wieder kam der Vogel und setzte sich auf das Grasdach:

[Solo:]
Adugpalie, 'dugpalie,
Du rührst das Hirsebier deines Todes um!

Dann stand Adugpalie und schöpfte den Schaum vom Hirsebier [mit einer Kalebasse] ab; wieder kam der Vogel und setzte sich nieder:

[Solo:]
Adugpalie, 'dugpalie,
Du schöpfst den Hirsebierschaum deines Todes!

Das Mädchen stand wieder und filterte das Hirsebier [mit einem Filterkorb]:

Adugpalie, 'dugpalie,
Du filterst das Hirsebier deines Todes!

Adugpalie goß das Hirsebier in ein anderes Gefäß; der Vogel setzte sich wieder auf das Grasdach und sang:

Adugpalie, 'dugpalie,
Du gießt das Hirsebier deines Todes!

Als der nächste Tag angebrochen war, riefen die Leute im Gehöft des Häuptlings sich gegenseitig aus dem Gehöft heraus, hoben das Hirsebier [in einem großen Tontopf] hoch, brachten es zu Adugpalie und sagten ihr: „Du selbst sollst das Bier auf deinem Kopf tragen!" Sie gingen zu einem Erdheiligtum [*tang-gbain*[15]], um dort das Mädchen zu töten. Sie nahmen sie zum Erdheiligtum, setzten sich um dieses herum und sagten [noch einmal]: „Der Häuptling hat gesagt: Wenn ein Mädchen geboren wird, soll es getötet werden, aber wenn ein Junge geboren wird, soll er am Leben

---

[15] Zur Erklärung dieses und anderer Ausdrücke vgl. das Wörterverzeichnis am Schluß dieser Abhandlung (Seite 52 ff.).

gelassen werden. Jetzt hätten wir alle unsere Mädchen getötet, wenn nicht der Häuptling seine Tochter versteckt hätte, so daß sie heranwuchs; wir haben uns dem jedoch widersetzt [daß die Tochter des Häuptlings als einziges Mädchen am Leben bleibt] und bestehen darauf, daß auch seine Tochter getötet wird." Die Leute sagten dem Erdheiligtum, daß sie die Tochter des Häuptlings gebracht hätten und nun um das Erdheiligtum herumsäßen, um sie dem Erdheiligtum zu geben [zu opfern]; das Erdheiligtum solle das Mädchen in Empfang nehmen. Das „Sitzding" [= der Vogel] setzte sich auf das Erdheiligtum nieder [und sang]:

Adugpalie, 'dugpalie
Du sitzt auf dem Rastplatz deines Todes!

Dann gossen sie [auf dem Erdheiligtum] Hirsebier aus und gaben es dem Erdheiligtum [als Opfergabe]. Dann gingen sie hin und ergriffen gemeinsam das Mädchen, legten sie auf dem Erdheiligtum nieder [und setzten das Opfermesser an sie an]. Da kam ein Widder, von Gott gesandt, vom Himmel nieder und sagte, daß sie nicht das junge Mädchen töten sollten, sondern sie sollten es [das Schaf] ergreifen und töten und das Mädchen leben lassen.

Das ist der Grund dafür, daß heutzutage, wenn Frauen ein Mädchen gebären, man es leben läßt; sie sagen, daß ein Mädchen nicht etwas ist, was man einem Heiligtum als Opfergabe bringen soll, sondern man bringt das [ein Schaf], um es dem Heiligtum zu opfern. Das wurde früher jedoch nicht so gemacht.

An dieser Erzählung, die mir von den Bulsa in mehreren Varianten vorliegt,[16] ist zunächst bemerkenswert, daß in ihr das abgewandelte Motiv der Opferung Isaacs durch seinen Vater Abraham (Gen. 22, 1–14) erscheint. Es ist jedoch unwahrscheinlich, daß die Bulsa diese biblische Erzählung, etwa unter dem Einfluß christlicher Missionare, entlehnt haben. In den Bulsa-Erzählungen ist es nicht ein Sohn, sondern stets eine Tochter, die nicht dem Hochgott, sondern einem Erdheiligtum geopfert werden soll. Auch ist die Sinngebung in den Bulsa-Erzählungen eine ganz andere als in der Isaacs-Sage: In der biblischen Erzählung ist es der unbedingte Gehorsam gegen Gott, der Abraham dazu bringt, seinen einzigen Sohn Isaac zum Opferaltar zu führen. In den Bulsa-Erzählungen sind es dagegen stets Mädchen, die aufgrund eines Gebotes oder Gelübdes getötet werden sollen. Auch in Erzählungen anderer Völker kommen die Motive „Gottheit errettet eine Person, die im Begriff ist, geopfert zu werden" (THOMPSON 1955:V, 318f.: Mot. S255[17]) und „Götter liefern Ersatz für das Opfer eines Kindes" (Mot. S263.2.1) vor.

Abwegig wäre es meiner Meinung nach, aus dieser Erzählung darauf zu schließen, es habe bei den Bulsa früher Menschenopfer, oder genauer gesagt: Mädchen-

---

[16] BUL-E0008, BUL-E0259, BUL-E0539, BUL-E0572, BUL-E0593, BUL-E1267, BUL-E1435.
[17] Im folgenden werden die Motivnummern in dieser Weise nach THOMPSON 1955 zitiert.

opfer, tatsächlich gegeben. Diese Art der Ausdeutung von Erzählungen stellt einen geistigen Kurzschluß von fiktiven Elementen der Erzählung auf angebliche Realitäten einer uns unzugänglichen Vergangenheit dar. In einer Version (BUL-E0008) dieses Erzähltypus weist eine Frau ausdrücklich auf die Konsequenzen hin, die eine Tötung aller Mädchen zur Folge hätte: „Wenn sie [die Menschen] fortfahren [Mädchen zu töten], hätte kein Mensch in zwei Tagen [d. h. in kürzester Zeit] eine Familie [oder Nachkommenschaft] mehr." Auch nach Auffassung der Bulsa handelt es sich bei diesem Erzählmotiv um reine Fiktion.

3. Grundlegende Glaubensvorstellungen der Bulsa

Religionsethnologisch bedeutsamer sind die in diesen Erzählungen angeführten zentralen Glaubensvorstellungen der Bulsa in bezug auf die Erde (*teng*) und den Himmelsgott (*wen* oder *Naawen*) sowie die Erwähnung des Tieropfers als Kultpraxis. Ich möchte dazu in Kürze wiederholen, was ich in meinem Vortrag am 17. Juli 1968 ausführte: In der häufig geäußerten Wunschformel „*Naawen ale teng le maari fu!*", „Gott (= *naab*, ‚Herr‘, ‚Häuptling‘ des *wen*, ‚Himmel‘, oft wird auch der ‚Himmel‘ mit ‚Gott‘ identifiziert) und die Erde mögen dir helfen!" liegen *in nuce* die religiösen Grundvorstellungen der Bulsa beschlossen.

Das Wort *teng* hat im Buli eine weite Bedeutung. Dieser Begriff umfaßt die Erde, das Land, besonders das bebaute und besiedelte Land, dann auch die Siedlung selbst, das „Dorf"; im abstrakten Sinn bedeutet *teng* auch den Ursprung, den Grund einer Sache. *Teng* ist aber nicht nur eine natürliche Gegebenheit, sondern auch und vor allem eine religiöse Macht. Jeder Verstoß gegen die althergebrachten Sitten der Ahnen „verdirbt das Land" (*kaasi tengka*). Die religiöse Potenz der Erde manifestiert sich besonders an im wörtlichen wie im übertragenen Sinne „hervorragenden" Stellen der Landschaft: in heiligen Bäumen, heiligen Hainen, heiligen Felsen und anderen Naturerscheinungen. Diese heiligen Plätze, von manchen gedeutet als „Kinder der Erde" (*tengka bisa*), heißen *tang-gbain*, pl. *tang-gbana*. Bei den *tang-gbana* finden sich Opferplätze, an denen der *teng-nyono*, der „Erdherr" oder „Erdpriester", der Erde oder dem jeweiligen Erdheiligtum Opfer darbringt (vlg. Schott 1970:13).

Der Bauer weiß sich bei den Bulsa nicht nur abhängig von der numinosen Kraft der Erde, sondern auch von den überirdischen Mächten des Himmels. Zu den wichtigsten kultischen Rechten und Pflichten eines Gehöftvorstehers gehört daher das Opfer an die *wena* der Ahnen (vgl. dazu auch Kröger 1982). Was ist ein *wen*? Das *wen*, so sagen die Bulsa, kommt vom Himmel. In der Tat hat *wen* primär die profane Bedeutung des durch die Sonne hell erleuchteten Taghimmels. *Naa-wen* oder *wen-naab* ist daher der *naab*, d. h. der Häuptling, das Oberhaupt oder der

Herrscher des Himmels, der Hochgott, der jedoch nur in höchster Not angerufen wird. Die *wena* der Ahnen halten sich nach dem Glauben mancher Bulsa-Gewährsleute im Himmel auf oder vermitteln zwischen dem Himmelsgott und ihren irdischen Nachfahren und sprechen zu ihnen durch den Wahrsagestock des sog. Wahrsagers (*baano*) (vgl. SCHOTT 1970:23).

Gott (*wen*, *Naawen* oder *wen-nàày*) spielt im Alltagsleben der Bulsa kaum eine erkennbare Rolle; er erhält keine Opfer oder irgendeine andere Form der kultischen Verehrung.[17a] Ethnographische Aussagen von Bulsa-Informanten über Gott haben daher Seltenheitswert. Zudem sind diese Aussagen über Gott meist sehr allgemeiner Art. Im folgenden wollen wir prüfen, ob Erzählungen der Bulsa konkretere Aussagen über das Wesen und Wirken Gottes vermitteln.

4. Gott in Erzählungen der Bulsa

Über „Gott in Erzählungen der Bulsa" habe ich kürzlich in der Festschrift für Eike Haberland einen Beitrag veröffentlicht (SCHOTT 1989 b). Ich möchte, um mich nicht zu wiederholen, hier nur auf einige Ergebnisse dieser Untersuchung eingehen und einiges Neue aus den 1988/89 gesammelten Erzählungen nachtragen. Die wichtigste Aussage, die auch aus der Erzählung über die Abschaffung des Mädchenopfers hervorgeht, lautet: Gott ist Herr über Leben und Tod (vgl. SCHOTT 1989 b:262 f.). Der Mensch hat nicht das Recht, ihm andere Menschen zu opfern und damit über ihr Leben zu verfügen. In dem erwähnten Aufsatz habe ich eine Erzählung der Bulsa (BUL-E0427) referiert, in der ein Junge mit seiner Aussage: ,Wenn Gott es nicht zuläßt, wird ein Häuptling mich nie und nimmer töten!' gegen alle Versuchungen und Listen des Häuptlings, der ihn zu Tode bringen will, mit seiner Aussage über die Macht Gottes über Leben und Tod Recht behält (SCHOTT 1989 b:267 f.).

In einer anderen Erzählung (BUL-E0070), von mir am 2. März 1989 in Sandema-Kobdem aufgenommen, verspricht ein Mann seinem Freund, er werde, wenn jener stirbt, sich selbst töten. Der überlebende Freund hält sich nicht an dies Versprechen. Der verstorbene Freund kehrt als Totengeist (*kok*) zurück und befestigt Pfeile rund um einen Schinuß-Baum;[18] die ganze Familie des Mannes fällt von diesem Baum in die Pfeile und wird getötet. Die Moral dieser Geschichte lautet:

[17a] Bei Opferhandlungen und als Sprichwort wird allerdings bisweilen gesagt: *Ku miena bo ká Naawen jigi!* – „Alles ist bei Gott", d. h. in Gottes Hand (KRÖGER, s. d.).

[18] Engl. *shea (-butter) tree* Buli *cham, Butyrospermum parkii*, ein wildwachsender Baum, aus dessen Nüssen die Bulsa ein margarineartiges Pflanzenfett gewinnen, das in der Küche und Kosmetik, aber auch im Ritual eine bedeutende Rolle spielt.

Man soll auch engsten Freunden nicht versprechen, daß man selbst sterben wird, wenn sie sterben; denn das Leben ist von Gott gegeben, der bestimmt, wie lange jeder zu leben hat.

In einer anderen Erzählung (BUL-E0861), aufgenommen von meinem ghanaischen Mitarbeiter AKAMARA ATOGTEMI am 2. Dezember 1988 in seinem Heimatort Sandema-Longsa, haben ein Mann und seine Frau zehn *kikita*, Ungeheuer oder Oger, als Nachbarn. Die Frau holt die *kikita* in ihr Gehöft. Der Mann versucht, seine Frau vor ihnen zu retten, indem er eine Öffnung in die Wand schlägt. Aber als er vergeblich versucht, seine Frau durch diese Öffnung in der Wand hinauszubringen, gebiert sie ein Kind, dem die *kikita* den Namen Kleine-Kalebasse-der-Hexe (*Asakpak-chin-bili*[19]) geben. Die *kikita* bringen Menschenfleisch herbei und töten schließlich die Mutter; ihr Kind Kleine-Kalebasse-der-Hexe setzt jedoch heimlich ihre Knochen wieder zusammen. Mutter und Kind entkommen durch magische Flucht. Die Moral auch dieser Geschichte lautet: Wen Gott am Leben erhalten will, der bleibt am Leben.

Dieselbe Botschaft verkündet auch folgende Erzählung (BUL-E1300): Ein Mann hatte drei Hunde mit Namen „Dein bester Freund ist besser als dein Bruder", „Die jüngste Frau des Häuptlings weiß nicht, daß er Häuptling ist" und „Wenn Gott dich nicht straft, kann dich niemand strafen". Ein Häuptling, der durch diese Namen herausgefordert wird, versucht, den Mann zu töten; dies gelingt ihm jedoch gegen den Willen Gottes nicht. Die Geschichte endet mit der Feststellung: „Wenn jemand seine [eigenen] Gedanken (oder Meinungen) hat, selbst wenn du arm bist . . ., ist es Gott, der dir helfen[20] wird."

In einer weiteren Erzählung (BUL-E0009), von mir aufgenommen am 26. Februar 1989 im südlichen Bulsa-Ort Gbedembilisi, kehrt ein verstorbener Sohn als Totengeist zu seiner Mutter zurück und singt viele Male: „Mutter, sieh, Gott hat mich hinweggenommen" (*wen yieri mi*[21]). Nach einer anderen Erzählung (BUL-E0253) tötet Gott den Sohn, der nicht seiner Mutter gehorcht, wenn sie ihn auffordert, ihr etwas zu bringen, und der Sohn statt dessen dasselbe jemand anderem bringt. In einer Erzählung (BUL-E0455) schickt Gott einen seiner Söhne, um ein verstorbenes Kind (Sohn) aus der Asche mit Hilfe eines Schwanzes (*juik*[22]) wiederzuerwecken (vgl. SCHOTT 1989 b:262). In einer anderen Erzählung (BUL-E0514)

---

[19] Wörtlich übersetzt: ‚Hexe-Kalebasse-klein'; ich pflichte Dr. FRANZ KRÖGER bei, der *sakpak* als (regelwidrig) vorangestellten Genitiv auffaßt.

[20] *Tuiri* oder *tuili*, wörtlich: ‚etwas niederlegen', und: ‚jemandem helfen, eine Last niederzulegen, die man auf dem Kopf getragen hat' (cf. KRÖGER s. d.).

[21] Das Verbum *yieri* bedeutet nach KRÖGER s. d. unter anderem: „to remove, to cut off, to take out (or off), to put off, to discharge (e. g. from hospital) . . ."

[22] Vgl. dazu das Wort *juik* im Wörterverzeichnis (Seite 52).

verwandelt sich Gott in einen Leprösen und heiratet die Tochter des Häuptlings, die sich weigerte, irgendeinen Mann zu ehelichen. In der Gestalt eines Leprösen erweckt Gott den Häuptling, Vater seiner Ehefrau, mit Hilfe eines Schwanzes wieder zum Leben. Dieser Schwanz darf nicht im Hause aufbewahrt werden. Als dieses Tabu durch die Schuld einer Frau gebrochen wird, verliert der zauberkräftige, lebensspendende Schwanz seine Wirksamkeit; seither müssen alle Menschen sterben und können nicht wiedererweckt werden (vgl. AGALIC 1978:267f.). Alle diese Erzählungen vermitteln die „Botschaft": Allein Gott hat die Macht, menschliches Leben zu geben und zu erhalten.

Andere Erzählungen der Bulsa verkünden, daß der Mensch die von Gott gegebenen Gaben annehmen soll; er darf dabei nicht wählerisch sein oder gegen die mit den Gaben verbundenen Taburegeln verstoßen. In einer Erzählung (BUL-E0141) setzt eine Frau ihr eigenes, „schlechtes" Kind, das sie nicht mag, im Busch aus und nimmt statt seiner ein hübsches Kind an, das sie in der Buschwildnis findet. Dieses entpuppt sich jedoch als ein *kikiruk*, eines der schon erwähnten Ungeheuer, das der Frau die unmögliche Aufgabe stellt, ihm sein abrasiertes Haar wieder auf den Kopf zurückzuversetzen. Die Frau bringt das *kikiruk* in den Busch zurück und nimmt ihr eigenes Kind wieder an, das Mitleid mit seiner Mutter hat und sie mit einer List vom *kikiruk* befreit. Die Moral der Erzählung lautet: Wenn Gott dir zwei Dinge gibt, erwarte nicht, daß sie alle perfekt sind. Man soll nichts, was Gott einem gegeben hat, fortwerfen.

In einer anderen Erzählung (BUL-E0151) hilft Gott einem armen Mann und seiner Frau, indem er ihnen viele Kinder schenkt. Der reich gewordene Mann treibt später seine Frau weg und heiratet statt ihrer ein junges Mädchen. Er verarmt daraufhin wieder und bittet die Kinder seiner ersten Frau um Hilfe. Diese weigern sich jedoch, ihrem untreuen Vater zu helfen, weil er ihre Mutter weggeschickt hatte. Sie singen: „Woher kommt die Armut? Kommt sie vom Himmel (= von Gott) oder von der Erde ...?" Mit Gottes Hilfe hat ihre Mutter sie, die Kinder, geboren; sie sind nun ihrerseits verpflichtet, ihrer Mutter zu helfen und nicht dem Vater, der sie verstoßen hat.

Vieles am menschlichen Schicksal ist für die Bulsa letztlich unerklärbar. In einer Erzählung (BUL-E0230) ist davon die Rede, daß ein Mann drei Söhne hat. Diese heiraten aus verschiedenen Orten Frauen, die eine ungleiche Anzahl von Söhnen und Töchtern zur Welt bringen. Die Söhne fragen ihren Vater nach dem Grund für diese Ungleichheit (und Ungerechtigkeit); dieser weist sie auf ihr *wen* hin, ein Wort, das unter anderem auch die Bedeutung ‚persönliches Schicksal, Glück (und Unglück)' hat. Ein Sohn stirbt und wird zum wiederkehrenden Totengeist (*kok*). Sein Vater sagt zu ihm: „Gott hat dich getötet und zum Geist gemacht, weil du nicht auf mich gehört hast. Was immer du von Gott mitgebracht hast, das ist dein *wen*." Gott handelt mit einer gewissen Willkür, jedoch so, daß die Hoffärtigen

gedemütigt und die Erniedrigten erhoben werden.[23] Diese Auffassung kommt
besonders deutlich in einer Variante der vorigen Erzählung (BUL-E0676) zum Ausdruck, die ebenfalls von drei Brüdern handelt, deren jüngster ein Waisenkind ist,
d.h. als Stiefkind keine Mutter mehr hat. Waisenkinder nehmen bei den Bulsa eine
untergeordnete Stellung ein und werden, z.B. bei der Essensverteilung, gegenüber
den anderen Kindern benachteiligt.[24] Der Vater gibt jedem seiner drei Söhne eine
Henne; die Henne des Ältesten legt sieben Eier, die jedoch unfruchtbar sind. Dasselbe zeigt sich bei der Henne des zweitältesten Sohnes, die acht Eier legt. Nur die
Henne des Waisenkindes brütet zehn Küken aus.

Dann gibt der Vater seinen Söhnen Geld, um Ziegen zu kaufen. Die beiden
älteren Söhne bekommen genug Geld, um junge Ziegen zu erstehen; das Waisenkind kann sich von seinem Geld nur eine ziemlich alte Ziege kaufen, über die die
beiden älteren Brüder lachen. Sie werden jedoch eifersüchtig, als diese alte Ziege
zwei weibliche Jungtiere wirft, während ihre eigenen Ziegen nur je einen Ziegenbock werfen. Die beiden älteren Söhne geben ihrem Vater dafür die Schuld; dieser
meint jedoch: „Jedermann hat sein eigenes *wen!*"[25]

Schließlich gibt der Vater seinen Söhnen etwas Geld für Geschenke, die für die
Brautwerbung erforderlich sind. Der älteste Sohn gibt all sein Geld dafür aus und
nimmt sich zusätzlich etwas von dem Geld des Waisenkindes; er heiratet ein Mädchen aus Wiaga,[26] der zweite Sohn heiratet ebenfalls. Der jüngste findet schließlich
eine Frau in Siniensi. Die Frau des ältesten gebiert ein Mädchen, die Frau des zweiten Sohnes wird ebenfalls schwanger, hat aber eine Fehlgeburt, während die Frau
des jüngsten zwei Knaben als Zwillinge zur Welt bringt.

Die beiden älteren Brüder versuchen aus Eifersucht alles, um ihren jüngsten
Bruder, das Waisenkind, zu töten; statt seiner sterben sie selbst jedoch. Die Geschichte schließt mit folgenden Sätzen: „Das Waisenkind und sein Vater lebten mit
den Kindern im Gehöft. Das Waisenkind arbeitete hart und erwarb Kühe und
viele, viele (andere) Reichtümer für sein Haus ... Deshalb sagt man: Dein *wen* (ist)
dein *wen*; du hast nicht das *wen* eines anderen. Selbst wenn du ein Waisenkind bist,
und dein *wen* will, daß du etwas Bestimmtes erreichst, wird es dich dahin bringen."

---

[23] Diese Aussage erinnert an 1. Samuelis, Kap. 2, V.7: „Der Herr macht arm und macht reich; er ernie-
drigt und erhöht." Vgl. auch Ps. 75, V.8.

[24] Dazu bemerkt Herr Dr. FRANZ KRÖGER (briefl. Mitteilung vom 22. 11. 1987): „Mir sind auch Gegen-
beispiele bekannt: So galt M.'s jüngerer Halbbruder, dessen Mutter starb, als besonderer Liebling von
M.'s Mutter. Es gibt auch bestimmte Speisen, die nur von Waisenkindern gegessen werden dürfen. Ich
sehe hierin ein Mittel, um durch religiös institutionalisierte Vorkehrungen eine eventuelle Benachtei-
ligung der Waisen auszugleichen."

[25] Hier ist *wen* gemeint im Sinne von „persönliches *wen*", d.h. auch: Schicksal, Glück, Zufall, vgl. auch
die Erläuterungen zum Begriff *wen* eingangs dieses Aufsatzes und im Wörterverzeichnis.

[26] Wiaga und Siniensi sind Orte im nördlichen Bulsa-Gebiet. Die Frauen von Wiaga gelten als besonders
anspruchsvoll und hochmütig.

Das Wort *wen* ist hier im Sinne des oben erwähnten „persönlichen *wen*" gemeint, das meine Bulsa-Dolmetscher auch als „personal god" bezeichneten. Dennoch ist es wohl nicht abwegig zu vermuten, daß dieses „persönliche *wen*" in einer bestimmten Beziehung zu *wen* im Sinne von *Naawen*, dem Hoch- und Himmelsgott steht (vgl. SCHOTT 1989 b:266–267).

Mehrere Geschichten der Bulsa bringen folgendes zum Ausdruck: Gott straft jede Überheblichkeit; er gibt und zerstört Reichtümer und er demütigt die Stolzen (vgl. SCHOTT 1989 b:265 f.). In einer Erzählung (BUL-E0531) ist die Rede von einem reichen Mann: „Weil er reich war, pflegte er häufig andre Leute zu beleidigen. Er pflegte zu sagen: ‚Ich weiß nicht, was das ist, was man Gott (*wen*) nennt! Kann ich nicht (aus eigener Kraft) Feldbau treiben und Vieh großziehen?' Als er eines Tages auf dem Flachdach seines Hauses saß, sagte er: ‚Was ist das, was man „Geschenk Gottes" nennt?' Während er das noch sagte, fand er sich auf einem Felsen inmitten eines großen Flusses wieder. Als er so auf dem Felsen saß, bekam er heftigen Durst, aber wann immer er sich zum Wasser hinunterbeugte, drohte er hineinzufallen." Ein Flußpferd kam vorbei und versprach ihm Hilfe; es sagte dem Mann: „Weil du etwas gegen Gott gesagt hast, wirst du von Gott bestraft!".[27] (Der weitere Verlauf der Geschichte ist in unserem Zusammenhang belanglos.)

Wer Hybris an den Tag legt, wird von Gott gestraft. In einer Erzählung (BUL-E1224), die Frau Dr. SABINE DINSLAGE am 13. Januar 1989 in Sandema-Kalijiisa aufgenommen hat, gibt ein Sohn sich selbst den Namen „Ich-weiß-schon". Die Namengebung ist bei den Bulsa ein feierliches Ritual (vgl. KRÖGER 1978:65–82), das nur von dafür bestimmten Personen vollzogen werden darf; die Selbstbenennung des Sohnes ist also ein aus übermäßigem Stolz erwachsener Frevel; darauf deutet auch die Bedeutung des Namens „Ich-weiß-schon" hin. Kurz nach seiner Geburt hütet der Sohn das Vieh, heiratet ein Mädchen und legt ein Feld im Busch an. Gott fragt: „Wer ist das?", er antwortet: „Ich-weiß-schon". Gott schickt seine Kinder (Söhne), die ihm beim Anlegen des Feldes helfen. Gott läßt ihm auch bei der Aussaat und beim Jäten von seinen Söhnen helfen. Seine Frau besichtigt die herangewachsene Hirse und bricht eine Hirsepflanze ab. Gott läßt daraufhin auch bei diesem Akt seine Kinder „helfen"; sie brechen alle Hirsepflanzen ab und die Ernte des Mannes „Ich-weiß-schon" ist vernichtet. Er geht zum verwüsteten Hirsefeld, und da er dessen Anblick nicht ertragen kann, ersticht er sich mit vergifteten Pfeilen;[28] Gott schickt auch dazu seine Kinder, und drastisch wird geschildert, wie sie ihm auch dabei „helfen".

---

[27] Der letzte Satz findet sich nicht im originalen Buli-Text, sondern nur in der (erläuternden?) Übersetzung meines Dolmetschers, Mr. GODFREY ACHAW.

[28] Herr Dr. FRANZ KRÖGER bemerkt dazu in einer brieflichen Mitteilung: Der im Buli-Text gebrauchte Begriff *lu pein* „… bedeutet … wohl ohne Zweifel ‚mit vergifteten Pfeilen Selbstmord begehen', da dies eine der drei traditionellen Selbstmordarten ist ([die beiden anderen heißen] *nag zuk:* den Kopf zerschmettern, [und] *bob miik:* sich erhängen)."

Dieser fast schon zynisch anmutende Aussage über die „Hilfe" Gottes für jemanden, den er wegen seiner Überheblichkeit ins Verderben stürzt, stehen andere Erzählungen gegenüber, in denen Gott Menschen, die in Not geraten sind, hilft.

In einer etwas konfusen Erzählung (BUL-E0152) sagt ein Junge in allen schwierigen Lebenssituationen: „Möge Gott helfen!" Gott hilft ihm, mehrere unlösbare Aufgaben zu lösen. Im weiteren Verlauf der Erzählung verspricht ein Häuptling dem Jungen sein Reich, wenn er ihm einen Ring zurückbringt, andernfalls wird er ihn töten. Der Häuptling rühmt sich seiner Macht und verachtet Gott. Die Tochter des Häuptlings heiratet den Jungen, findet den Ring, bringt ihn ihrem Vater, dem Häuptling, der den Ring in ein Gewässer wirft, wo ihn ein Fisch verschlingt. Der Junge bleibt bei seiner Aussage: „Möge Gott helfen!" Männer fangen den Fisch, der Junge kauft ihnen den Fisch ab und findet den Ring im Bauch des Fisches.[29] Der Häuptling läßt ihn rufen und sagt ihm, daß seine Tochter den Ring bei ihm gefunden und er ihn in ein Gewässer geworfen habe. Der Junge holt den Ring hervor und erhält das Reich des Häuptlings. Die Geschichte endet mit der Moral: Gott wird dir helfen, was immer dich bedrückt, selbst wenn du dem Tode nahe bist.

In einer Tiererzählung (BUL-E0867) ist es ein von allen anderen verachtetes Tier, das von Gott Hilfe erhält: Die Tiere des Busches leiden Hunger und Durst. Sie bitten den Elefanten als das größte aller Tiere, für sie Gott um Regen zu bitten. Sein Gebet wird nicht erhört, ebensowenig das vom Löwen und von allen anderen Tieren. Ein Vogel schlägt vor, Schildkröte solle Gott um Regen bitten. Die Tiere verlachen diesen Vorschlag, denn Schildkröte ist ein elendes Tier, das sie nicht zu den ihren rechnen. Die Schildkröte kriecht zu einem Felsen, aus dem plötzlich Wasser strömt. Die Schildkröte betet und betet zu Gott; daraufhin fällt reichlich Regen. Als Moral fügt der Erzähler seiner Geschichte an: Man soll auch das kleinste Kind nicht verachten.

In Wiaga erzählte mir am 20. Dezember 1988 ein etwa 40jähriger blinder Mann namens CHARLES ACHALIGABE folgende Geschichte (BUL-E0135): Ein Waisenkind und ein Blinder leiden Not und ziehen bettelnd umher. Schließlich gibt ihnen niemand mehr etwas und sie sitzen verzweifelt am Wegesrand und warten auf den Tod, „um endlich etwas Ruhe zu finden", wie der Erzähler sagt. Da spricht Gott zum Blinden: „Deine Augen werden geöffnet werden und du wirst Frauen heiraten und Kinder zeugen und ein Haus [mit Reichtümern] füllen – aber nach kurzer Zeit wirst du vergessen [was ich dir Gutes getan habe]." Zum Waisenkind sagt Gott:

---

[29] Dieses Motiv erinnert an die Sage vom Ring des Polykrates, die u. a. HERODOT (3, 39–44) berichtet. Verwandte Motive sind nach THOMPSON 1955: A2275.5.4. „Dolphins seek King Solomon's ring"; B548.2.1. „Fish recovers ring from sea", mit Hinweis auf den Erzähltyp AaTh 554 und zahlreiche Belegstellen; D1335.5.2. „Solomon's power to hold kingdom dependent on ring; drops it in water"; H1132.1.1. „Task: recovering lost ring from sea"; N211.1. „Lost ring found in fish. (Polycrates.)", ebenfalls unter Hinweis auf zahlreiche Belegstellen, darunter auch einen aus Afrika, Goldküste, dem heutigen Ghana.

„Du wirst auch deine Krätze loswerden, du wirst wie ein Europäer aussehen, und jeder, der dich sieht, wird dich gerne mögen, und du wirst Frauen heiraten und Kinder zeugen. Und nach kurzer Zeit wirst [auch] du [meine Wohltat] vergessen." Beide sagen: „Mitnichten, wie können wir so leiden und dann alles vergessen, wenn wir wie die Häuptlinge leben? Das ist verboten!"[30] Nach einiger Zeit schickt Gott einen Mann auf die Erde, „blind wie Achaligabe", der Erzähler selbst. Der Blinde kommt zum Gehöft des früher blinden Mannes; dieser läßt sich durch seine Kinder verleugnen. Dann geht der Blinde zum Gehöft des früher armen Waisenkindes, jetzt ein wohlhabender Mann. Dieser heißt ihn herzlich willkommen, er bittet ihn in die Empfangshütte und läßt seine Frau Hirsewasser zur Begrüßung des Gastes bringen. Der Blinde bittet, man möge ihm seine Kopfhaare abrasieren und, nachdem diese Bitte erfüllt ist, ihm ein Huhn schlachten. Hirsebrei wird ihm zubereitet, er wird neu eingekleidet und sein Gastgeber läßt ihn bei sich übernachten. ‚Der Blinde tat, was immer er mochte und das Waisenkind liebte ihn mehr als seine eigenen Söhne.‘ Als der Blinde nach Hause will, läßt ihn sein Gastgeber zuerst nicht fortziehen, gibt ihm dann aber sogar ein Pferd. Gott straft den selbstsüchtigen ehemals Blinden damit, daß er ihn wieder blind werden läßt. Über das Waisenkind heißt es am Schluß der Erzählung: „Wenn ein Waisenkind gelitten hat, wird es sich immer daran erinnern, daß es gelitten hat."

Den Männern hilft Gott, indem er ihnen Frauen schickt; denn früher lebten die Männer ohne Frauen – dies ist die „Botschaft" mehrerer Erzählungen der Bulsa. So heißt es in einer Erzählung (BUL-E0182): Drei Frauen kommen täglich vom Himmel (= Gott) herab zu drei Brüdern, die als Junggesellen leben, und kochen ihnen heimlich Mahlzeiten. Die beiden älteren Brüder belauschen vergeblich die himmlischen Frauen bei ihrem nützlichen Tun, erst dem jüngsten gelingt es, die Frauen mit Asche magisch zu bannen. Nachdem die Brüder mit den Frauen einige Zeit zusammengelebt haben, machen sie sich mit ihnen zum Hause des Vaters der Frauen, zu Gottes Haus auf. Dort wird der jüngste von Leoparden, Löwen, Schlangen und einer Buschkuh, den „Haustieren" Gottes, begrüßt. Gott stellt die Männer auf die Probe. Eine Katze hilft dem jüngsten Manne, die richtige Nahrung zu essen und ihre Frauen aus anderen herauszufinden. Auf diese Weise kamen Frauen ins Land.

Nach einer anderen Version (BUL-E1445) findet ein Jäger bei seiner Rückkehr aus dem Busch Nahrung vor, die ihm von Gott geschickte Frauen in seiner Abwesenheit zubereitet haben. Sie singen dabei ein Lied, das die einzelnen Phasen der Nahrungszubereitung beschreibt. Singend kehren sie zum Himmel zurück. Der Jäger belauscht sie eines Tages und bittet sie zu bleiben. Seither bleiben Frauen im

---

[30] *Ku a kisi kama!* Wörtlich: „Das ist tabu (verboten)"; cf. die Eintragungen unter dem Wort *kisi* im Glossar.

Haus der Männer; sie waren zuerst im Himmel (bei Gott), ein Jäger brachte sie hierher.

Nach der Aussage der meisten Erzählungen der Bulsa lebt Gott mit seinen Frauen und Kindern im Himmel; vielfach wird er überhaupt mit dem Himmel (*wen*) gleichgesetzt. Von dieser Auffassung abweichend, berichtet eine Erzählung (BUL-E0503), daß Gottes Haus sich in der Unterwelt befindet. Ein Junggeselle weigert sich zu heiraten; er bleibt bei seiner Mutter, für die er auch Holz im Busch sammelt. Dort trifft er eines Tages auf einen dürren Baum, der sich in eine Frau verwandelt, die nur einen halben Körper hat. Die halbe Frau verlangt von ihm, er möge sie heiraten. Als er sich weigert, läßt sie ihn sterben; dann erweckt sie ihn wieder zum Leben.

Der Mann fühlt sich genötigt, die halbe Frau zu heiraten; er nimmt sie aus dem Busch mit in sein Elternhaus. Dort wird sie scheel angesehen; die Eltern des Mannes verstehen nicht, weshalb ihr Sohn nur eine halbe Frau geheiratet hat. Sie legen ihm nahe, sich von ihr zu trennen. Er geht deshalb mit ihr in den Busch an die Stelle zurück, wo er sie gefunden hat und will sich dort von ihr verabschieden. Sie ist jedoch damit nicht einverstanden, läßt ihn wieder sterben und auferstehen.

Unter einem Termitenhügel befindet sich der Eingang zur Unterwelt; dorthin nimmt die halbe Frau ihn mit. Während er dort das Gehöft, aus dem sie stammt, wegen seiner Größe und seines Reichtums bestaunt, verwandelt sie sich in eine schöne und ganze Frau, die er zunächst nicht wiedererkennt. Das Gehöft gehört Gott (*Naawen*); sie ist die Tochter Gottes. Gott beschenkt das Paar mit großen Reichtümern: Kühen, Pferden und Sklaven.

Als sie sich dem Gehöft seiner Eltern nähern, trauen die dort versammelten Ältesten des Dorfes zunächst nicht ihren Augen. Der zurückgekehrte Sohn baut sein eigenes riesiges Gehöft, in das er mit seiner Frau und allen seinen Reichtümern einzieht. Die Leute des Dorfes setzen den bisherigen Häuptling ab und den Sohn als Häuptling ein.

Da jedoch alle Männer mit dessen schöner Frau, Gottes Tochter, schlafen wollen, stachelt der eifersüchtige abgesetzte Häuptling sie auf. Sie ergreifen den Sohn und werfen ihn auf einen Scheiterhaufen. Seine Mutter und sein Vater weigern sich, ihn aus den Flammen zu erretten. Seine Frau jedoch geht für ihn ins Feuer und erweckt ihn aus der Asche wieder zum Leben. Auch in dieser Erzählung ist es letztlich Gott, der über Leben und Tod des Menschen bestimmt.

In der eingangs vorgetragenen Erzählung vom Mädchen Adugpalie, das geopfert werden sollte, kommt nach einer Version (BUL-E0008) eine Frau vom Himmel, die Menschen davon abhält, Mädchen zu opfern mit dem Argument: Selbst im Hause Gottes leben wir „gemischt", d. h. Männer und Frauen zusammen. Außerdem würden die Männer bald ohne Nachkommenschaft bleiben, wenn sie alle Mädchen töteten.

Das ist die Botschaft auch einer anderen Erzählung (BUL-E1435): Ein Ehepaar gebar erst einen Sohn, dann eine Tochter; letztere wurde nicht als Teil der Familie (*buuri*) angesehen und sollte getötet werden. Ihr Bruder warnt sie in einem Liede davor. Als ihr das Messer an die Kehle gesetzt wird, kommt ein halbmenschliches-halbtierisches Wesen vom Himmel und untersagt ihnen die Tötung des Mädchens, da andernfalls ihre Familie aussterben wird. Gott ließ einen Helfer[31] vom Himmel kommen und die Tötung der Frauen verhindern.

Ähnlich heißt es in einer weiteren Erzählung (BUL-E0920): Ein Mann und seine Frau haben drei Kinder, davon ist eines eine Tochter. Sie mögen die Tochter nicht und wollen sie töten. Die Brüder des Mädchens setzen sich dagegen zur Wehr, indem sie sagen: ‚Nur wenn du eine Schwester hast, bist du jemand!' Ihre Eltern schicken sie aus, um Feuerholz zu holen. Das Mädchen stürzt sich ins Feuer; vom Himmel kommt jedoch ein nicht näher beschriebenes „Ding" oder „Wesen" (*jaab*), holt sie heraus und löscht das Feuer mit Wasser. Die Wertschätzung der Töchter und Schwestern wird in dieser Erzählung am Ende so begründet: „. . . Eines Tages wird das Mädchen den Platz seiner Mutter einnehmen."

5. Erdheiligtümer in Erzählungen der Bulsa

Wie eingangs erwähnt, sehen die Bulsa nächst dem Himmelsgott *wen* oder *Naawen* die Erde als religiöse Macht an. Die Erde selbst tritt jedoch als solche in keiner der mir vorliegenden Busla-Erzählungen als Gottheit in Erscheinung. Wohl aber spielen die Erdheiligtümer (*tang-gbana*) in zahlreichen Erzählungen eine bedeutende Rolle. Im Zusammenhang mit den *tang-gbana* treten in den Bulsa-Erzählungen ausnahmslos Mädchen und Frauen als Personen auf, obwohl realiter Frauen keinerlei kultische Funktionen an Erdheiligtümern ausführen dürfen. Erzählungen über *tang-gbana* können also allenfalls insofern als religionsethnologische Quellen herangezogen werden, als sie auf die Gefahren hinweisen, die Frauen im Umgang mit *tang-gbana* drohen.

Die eingangs verlesene Geschichte vom Mädchenopfer zeigt zunächst nur, daß die Frauen in den Bulsa-Erzählungen passive Rollen im Zusammenhang mit den *tang-gbana* ausfüllen. In einer Version dieses Erzähltypus (BUL-E0593) heißt es: Als das Mädchen dem *tang-gbain* als Opfer dargebracht werden soll, verwandelt sich das *tang-gbain* in einen Menschen und sagt, daß man das Mädchen leben lassen soll.

---

[31] *Sabilo*, wahrscheinlich ein Lehnwort aus dem Hausa, „servant"; das Wort wird auch als „Engel" übersetzt, vgl. KRÖGER s. d.

In mehreren Varianten berichten Erzählungen der Bulsa davon, daß (BUL-E1294) eine tanzwütige Frau überall zum Tanzen hingeht, so auch zum Tanz von *tang-gbana*. Diese verfolgen die Frau nach dem Tanz bis in ihren hintersten Schlafraum. Auf Befragen der *tang-gbana*, weshalb sie zu allen Tanzveranstaltungen geht, antwortet sie, daß sie menschliche Gesellschaft sucht. Die *tang-gbana* akzeptieren dies: „Gott hat den Menschen mit ‚menschlicher Anteilnahme' (*masim*[32]) geschaffen", deshalb werden sie sie nicht töten.

Ansonsten aber gehen *tang-gbana* mit Mädchen und Frauen wenig liebevoll um. In einer Variante (BUL-E1338) dieses Erzähltyps heißt es ebenfalls, daß eine Frau überall hin zum Tanze geht, unter anderem auch mit ihren Freundinnen zu einem Tanz von *tang-gbana*, die in ihrem Grabe tanzen. Daraus können wir schließen, daß *tang-gbana* in gewisser Weise als menschliche Wesen oder gelegentlich sogar als Totengeister (*kokta*) angesehen werden. Die *tang-gbana* schlachten eine Ziege für die Frau und ihre Freundinnen. Am nächsten Tage ist die tanzwütige Frau gestorben.

Auch in einer weiteren Erzählung (BUL-E0530) halten *tang-gbana* ihren Tanz ab; eine Frau tanzt mit ihnen. Ein *tang-gbain* begleitet die Frau anschließend vom Tanz nach Hause. Die Frau fordert das *tang-gbain* vergeblich auf, mit ihr aufs Plattformdach zu gehen – was wohl bedeuten soll, daß sie mit dem *tang-gbain* geschlechtlich verkehren will. Am nächsten Tage ist die Frau tot. Dieses Motiv, wonach ein *tang-gbain* eine Frau vom Tanze nach Hause begleitet und dann tötet, taucht auch in zwei anderen Erzählungen auf.[33]

In bestimmten Varianten wird die Frau nicht selbst von *tang-gbana* getötet, sondern mit dem Tode oder mit Toten auf andere Weise in Verbindung gebracht. In einer Erzählung (BUL-E1607), die mein ghanaischer Mitarbeiter Mr. GEORGES AKANLIGPAARE am 8. Januar 1989 in Wiaga von einem zehnjährigen Schuljungen aufgenommen hat, ist ebenfalls die Rede von einer Frau, die überall zum Tanze hingeht. Eines Tages trifft sie auf *tang-gbana*,[34] die ihre Kinder schlagen. Die Frau denkt, daß hier ein Tanz stattfindet. Die *tang-gbana* ergreifen die Frau und zwingen sie, sofort ein Kind zu gebären. Sie gebiert statt dessen eine Kalebasse.[35] Nach mehreren Episoden bricht die Frau die Kalebasse auf. Zum Schluß sagt der Erzähler:

---

[32] Das Nomen *masim* bedeutet nach KRÖGER s. d.: „1. sweetness, goodness, pleasant taste, luxury … 2. fertility (of soil)…" Im vorliegenden Falle aber soll es soviel wie ‚Interesse' (so der Übersetzer) oder ‚menschliche Anteilnahme', ‚Sympathie' bedeuten.

[33] BUL-E0665, BUL-E0903.

[34] Anmerkung von GEORGE AKANLIGPAARE: „Earthly spirits which could be harmful".

[35] Die Kalebasse gilt bei vielen westafrikanischen Völkern als Symbol der Fruchtbarkeit. Als solches tritt sie auch in vielen Erzählungen westafrikanischer Völker in Erscheinung; vgl. CALAME-GRIAULE 1976. Bei den Bulsa haben die Kalebassenkerne (*kalsa*) im Beutel eines Wahrsagers (*baano*) den Symbolwert „Kinder" (*bisa*) (briefl. Mitteilung von Herrn Dr. FRANZ KRÖGER).

Früher aßen die Ahnen aus irdenen Töpfen, heute ißt man die Nahrung aus Kalebassen, die auch benutzt werden, um Gräber auszuheben und um die Toten zu bestatten.

In einer anderen Erzählung (BUL-E0943) halten *tang-gbana* ihren Tanz ab; eine tanzwütige Frau tanzt mit ihnen. Sie singen, daß sie sie geheiratet haben. Sie verfolgen sie bis in ihren Schlafraum, fangen sie, und die Frau und alle *tang-gbana* verwandeln sich in *bogluta* (Schreine, Altäre).

In mehreren Erzählungen erscheinen *tang-gbana* als Freier beim Hause eines heiratsfähigen Mädchens und werben um sie. So kommen in einer Erzählung (BUL-E0283) *tang-gbana* aus Fumbisi, Kunkoak und Yiwasa – Orten im südlichen Bulsa-Gebiet – als Freier zum Hause eines Mädchens. Dieses will sie auch heiraten; die Mutter warnt jedoch ihre Tochter vor den Freiern und rät ihr zu warten. Als abgewiesene Freier singen die *tang-gbana* dem Mädchen ein Lied vom Totenreich. Nachdem sie das Lied gesungen haben, sinken sie in den Boden ein; ebenso das Mädchen und alle anderen, die dieses Lied singen.

Eine andere Erzählung (BUL-E0909) berichtet davon, daß eine Tochter *tang-gbana* heiratet, die sie in den Busch entführen. Die *tang-gbana* entfernen sich; statt ihrer tauchen Löwen auf, die das Leben des Mädchens bedrohen. Ein magerer Hund errettet die Tochter, die sich auf einen Kapok-Baum geflüchtet hat. Hundefleisch ist für sie hinfort Tabu. Sie bricht das Tabu; ein Hundskopf kommt statt Faeces aus dem Anus und singt ein Lied; die Tochter stirbt.

Tang-gbana bestrafen auch Frauen, die sich gegen bestimmte Ge- oder Verbote vergehen. So ist es etwa verboten, gewisse Arbeiten nachts zu verrichten. Nach einer Erzählung (BUL-E0907) pflegte eine Frau nachts ihre Hibiscus-Pflanzen (*wogta*) zu pflücken, obwohl der Hausherr ihr dies untersagt. Einige *tang-gbana* kommen auf dem Wege zur Totengedenkfeier ihrer Schwiegerverwandten dort vorbei und töten die Frau, indem sie ihr den Kopf zerquetschen. In einer anderen Geschichte (BUL-E1379) stampft eine Frau nachts ihre Hirse, obwohl ihr dies untersagt wurde. *Tang-gbana*, die vorbeikommen, fragen singend: „Wer stampft nachts Hirse?" Die Frau antwortet mit einem Spottlied. Daraufhin verfolgen die *tang-gbana* die Frau bis in ihren Schlafraum und töten sie.

Tang-gbana sind mithin religiös „gefährliche" Heiligtümer; in ihnen offenbart sich ein *Mysterium tremendum,* wie RUDOLPH OTTO (1947:12 ff.) das genannt hat. In einer Erzählung (BUL-E1239) wird ein Waisenkind, ein Mädchen, von seiner bösartigen Stiefmutter (Mitfrau der Mutter) in einen heiligen Hain (*tang-gbain*) geschickt, um Feuerholz zu holen, sowie zu einer Quelle, an der an jedem dritten Tag kein Wasser geschöpft werden darf. An beiden *tang-gbana* begegnet das Mädchen einer Frau, die sie mit Feuerholz bzw. Wasser versorgt. Eines Tages kommt die Stiefmutter des Mädchens aus Neugier in den Busch mit; eine Schlange tötet sie für ihren Frevel.

Tang-gbana haben auch die Macht, demjenigen, der ihnen etwas verspricht, sein Versprechen zu erfüllen – für eine Gegengabe. In einer Variante der Erzählung vom Mädchenopfer (BUL-E1267) legt ein Mann vor einem *tang-gbain* ein Gelübde ab, daß er ihm eine Tochter opfern wird, wenn seine bis dahin kinderlose Frau Kinder gebiert. Daraufhin schenkt ihm seine Frau viele Kinder, darunter ein hellhäutiges Mädchen, das geopfert werden soll. Das *tang-gbain* erinnert den Mann an sein Opferversprechen. Das Mädchen braut Hirsebier, das dem *tang-gbain* ebenfalls als Opfergabe gegeben werden soll. Als das Mädchen unter dem Messer liegt, kommt eine alte Frau vom Himmel, die dem Vater sagt, daß das Mädchen nicht geopfert werden soll.

Vielfach wird das ernste Thema des Gelübdes vor einem *tang-gbain* in komischer Form abgehandelt und in die Welt der Tiere transponiert. Nach einer Version (BUL-E0410) schwört Hase vor einem *tang-gbain*, daß er ihm eine Hyäne als Dankopfer geben will, wenn in der kommenden Jagdsaison kein Niederwild getötet wird. Tatsächlich wird in der nachfolgenden Trockenzeit das Niederwild von den Jägern verschont. Das *tang-gbain* erfüllt also seinen Teil des Vertrages. Hase, um seinem Versprechen gerecht zu werden, holt sich eine Ziege und geht zur Stelle im Busch, wo die Hyänen leben. Die gefräßige Hyäne will die Ziege verschlingen, aber Hase läßt nur zu, daß sie der Ziege die Hoden abfrißt. Der Hase führt die Ziege vor der Nase der Hyäne her, bis sie das Erdheiligtum betreten. Hase bietet dem *tang-gbain* die Hyäne an, wie er ihm geschworen hat. Hyäne versucht zu fliehen, doch das *tang-gbain* hält das Tier fest. Diese Erzählung liegt mir in mehreren Varianten vor.[36]

Es gibt einige Erzählungen über *tang-gbana,* die eine Affinität dieser Erdheiligtümer zur Buschwildnis und den sie bewohnenden Wesen aufweisen. Zu diesen gehören außer den wilden Tieren (vgl. Schott 1973/74) auch die *kikita* (sing. *kikiruk*), Unholde, Oger oder Monstra, von denen oben schon die Rede war. Der in der Weltsicht der Bulsa wie vieler anderer Völker fundamentale Gegensatz zwischen dem vom Menschen kultivierten Land und der Buschwildnis wird in vielen Erzählungen der Bulsa deutlich. Die *tang-gbana* nehmen hier möglicherweise eine Art Zwischenstellung ein; sie bilden die kultisch „gezähmte", in den Dienst des Menschen gestellte „Wildnis" – um den Preis von Opfergaben, die die für die *tang-gbana* verantwortlichen Männer ihnen regelmäßig, bei besonderen Anlässen oder auch, wie wir hörten, zur Erfüllung eines Gelübdes darbringen müssen.

In einer Erzählung (BUL-E0549[37]) verwandelt sich ein *kikiruk* in einen Baum, den der Held der Geschichte, ein junger Mann, rasch mit einem weißen Tuch „bekleidet", d.h. umwickelt – ein auch in der Realität zu beobachtender religiöser

---

[36] BUL-E1244, BUL-E1279, BUL-E1367.
[37] Mit der vom selben Erzähler im August 1971 aufgeschriebenen Variante BUL-E0559.

Brauch[38] – und dadurch unschädlich macht. Nach einer Weile hat der junge Mann schlechte Träume und er fühlt sich vom *kikiruk* verfolgt. Sein Vater befragt einen „Wahrsager" (*baano*), der ihm eröffnet, daß das seinen Sohn verfolgende *kikiruk* sich in ein *tang-gbain* verwandelt hat. Weiter läßt er ihn wissen, er solle hingehen, eine Kuh schlachten, um dem Baum Opfer darzubringen. Nachdem er dem *tang-gbain* Opfer dargebracht hat, hört es auf, seinen Sohn zu beunruhigen.

6. Ungeheuer in Erzählungen der Bulsa

Man kann sich fragen, ob die in vielen Erzählungen der Bulsa auftretenden *kikita*, – Unholde, Gespenster, Oger und Monstra – überhaupt etwas mit der Religion der Bulsa zu tun haben. Sie empfangen – anders als die *tang-gbana* und andere heilige Mächte – keinerlei kultische Verehrung in Gebeten oder Opfern. Das trifft allerdings auch auf den Hochgott *Naawen* zu, der nur selten angerufen wird (vgl. oben S. 17). Ich meine jedoch, daß die *kikita* sehr wohl der Religion der Bulsa zuzurechnen sind. Unter den „Momenten des Numinosen" nennt Rudolph Otto an fünfter Stelle „Ungeheuer" in einem Doppelsinne:

„Mit ‚ungeheuer' meinen wir heute gewöhnlich einfach das nach Ausmaß oder Beschaffenheit ganz Große. Das ist aber sozusagen eine rationalistische, jedenfalls rationalisierte und nachträgliche Deutung. Denn ‚ungeheuer' ist eigentlich und zuerst das wobei uns ‚nicht geheuer' ist, das *Unheimliche*, das heißt ein Numinoses." (Otto 1947:50f.; Hervorhebung von Otto).

Auch van der Leeuw (1956:141–149) widmet ein eigenes Kapitel seiner „Phänomenologie der Religion" dem Thema: „Die schreckliche Gestalt, der böse Wille: Dämonen". Über sie schreibt er dort u. a.:

„Der Schauder und das Gruseln, der jähe Schrecken und der tolle Angstwahn bekommen im Dämon ihre Gestalt; er vertritt die Schrecklichkeit der Welt schlechthin, die unberechenbare Gewalt, die um uns webt und uns zu ergreifen droht ...

Die Gestalt des Dämons erwächst aus verschiedenartigen Erlebnissen. Die Öde, der Schauer des nicht-kultivierten Landes, die Verlassenheit der Bergesgegend ... sind die *Naturerlebnisse,* die zu dieser Gestaltung das meiste beigetragen haben. Innerhalb der umfriedeten menschlichen Wohnung herrscht Sicherheit, draußen aber, in Feld und Gebirg, wohnen die *Trolde, die Utukku* des babylonischen Glaubens, die *Dschinne* des Islam ..." (van der Leeuw 1956:141, 144; Hervorhebungen von van der Leeuw).

---

[38] Vgl. Schott 1970:93 und ebd., Abbildung Nr. 3.

Auch bei den Bulsa sind die *kikita* Wesen der Wildnis; wenn sie in die Wohn-stätten der Menschen eindringen, so richten sie dort stets auf grausame Weise Unheil an. Eine Erzählung (BUL-E0508[39]) der Bulsa beginnt mit den Worten: „Es war einmal eine Frau, die sehr oft in den Busch (*goai*) zu gehen pflegte. Man sagte ihr, sie solle das nicht tun, aber sie weigerte sich [diesem Rat zu folgen]. Eines Tages, als sie in den Busch gegangen war, sah sie ein *kikiruk,* das mit buschigem (d. h. unrasiertem[40]) Haar dasaß. Das *kikiruk* wollte die Frau fangen und sie verschlin-gen, aber die Frau fragte das *kikiruk:* ‚Mein Freund, hast du nicht jemanden, der dich rasiert?'" Als das *kikiruk* dies verneint, bietet die Frau sich an, es zu rasieren. Sie bittet das *kikiruk,* sich bei einem Dornenbaum niederzusetzen. Aber statt das *kikiruk* zu rasieren, bindet sie es mit den Haaren an dem Dornenbaum fest und geht nach Hause. Das *kikiruk* sitzt so vier Tage lang und wird schließlich von Termiten befreit, die das Holz des Baumes aufnagen. Das bösartige *kikiruk* tötet die Termi-ten, röstet sie und tut sie in einen Tabakbehälter.

Es geht dann zum Hause der Frau und setzt sich ohne die übliche Grußformel unter dem *kusung* nieder. Es ißt in Gegenwart des Ehemannes der Frau aus seinem Tabakbehälter. Der Mann begehrt etwas davon, das *kikiruk* gibt es ihm und der Mann findet, es schmecke sehr gut. Er fragt das *kikiruk,* wo es diese Köstlichkeit her habe? Das *kikiruk* antwortet: Es sind die Eier einer schwangeren Frau. Der Mann sagt, das treffe sich gut, denn seine Frau sei gerade schwanger; sie ist beim Fluß, um Wasser zu holen. Wenn sie zurückkomme, werde er, der Mann, sie töten und ihre Eier aus dem Leib holen. Ein Kind der Frau belauscht dieses Zwiegespräch, rennt zum Fluß und erzählt der Frau, was ihr zu Hause droht. Die Frau hat von Leuten im Busch etwas Honig bekommen. Nach Hause zurückgekehrt, bittet sie ihren Mann, ihr beim Absetzen des schweren Wassertopfes zu helfen. Sie bietet ihm etwas vom Honig an, und ihr Mann, der noch nie Honig gegessen hat, findet ihn noch wohlschmeckender als die gerösteten Termiten des *kikiruk.* Er fragt seine Frau, woher sie den Honig habe. Sie antwortet: ‚Aus der Leber eines *kikiruk!'* Dar-aufhin sucht der Mann das im *kusung* schlafende *kikiruk* mit Pfeil und Bogen zu töten, doch alle Pfeile prallen an ihm ab, und auch mit einem schweren Stößel kann er es nicht erschlagen.

Das *kikiruk* rennt davon, zum Hause des Häuptlings. Dieses weist Risse auf; das *kikiruk* erzählt dem Häuptling, es komme aus dem Hause einer Frau, die die gebor-stenen Wände seines Hauses mit Nadel und Faden nähen könne. Der Häuptling läßt die Frau kommen und fragt sie, ob sie das könne? Sie bejaht dies, aber sie sagt, sie könne Wände nur mit den Sehnen eines lebenden *kikiruk* nähen. Der Häuptling befiehlt seinen Leuten, das *kikiruk* zu töten; sie versuchen, es mit Knüppeln zu

---

[39] Varianten: BUL-E0636, BUL-E0668.
[40] Die Bulsa nehmen ungepflegtes, nicht geschnittenes Haupthaar als Anzeichen der „Verwilderung"; Geisteskranke sind vielfach an ihrem ungeschnittenen Haupthaar zu erkennen.

erschlagen, aber es rennt davon und kehrt in den Busch zurück. Da jeder denkt, das *kikiruk* sei endgültig beseitigt, geht die Frau wieder in den Busch. Dort ersteigt sie einen Schinußbaum; das *kikiruk* findet sie dort und droht ihr von unten: ‚Heute wirst du was erleben!' Die Frau ruft die Leute ihres Dorfes zur Hilfe; sie verjagen das *kikiruk* und die Frau läuft nach Hause.

Die grundsätzliche Feindschaft zwischen den Menschen und den *kikita* gibt sich auch darin zu erkennen, daß die *kikita* in einigen Erzählungen als grausame, menschenfressende Oger (Mot. G10 ff.) geschildert werden. In einer bereits erwähnten Erzählung (BUL-E0861) ernähren sich die *kikita* von Menschenfleisch; nachdem sie die Mutter eines Kindes verzehrt haben, setzt dieses aus den übriggebliebenen Knochen die Mutter wieder zusammen und macht sie wieder lebendig. In einer anderen Erzählung (BUL-E0429) kommt ein *kikiruk* in ein Haus, läßt sich von einer Frau Hirsebrei zubereiten und schneidet ihrem Sohn die Finger ab, um sie als Fleisch zum Hirsebrei zu verzehren. Die Frau ruft durch einen Vogel aus der Ferne ihren Ehemann zu Hilfe herbei, und als das *kikiruk* der Frau wieder sagt, es wolle Fleisch zu seinem Hirsebrei haben, stößt der Mann ihm von hinten eine glühend gemachte Ahle in den Anus und die Frau schlägt mit ihrem Stößel auf das *kikiruk* ein. Offenbar überlebt das *kikiruk* diese Behandlung; es springt auf und fällt ins Wasser. Als der Junge herangewachsen ist, fragt er seine Mutter: „Was ist mit meinen Armen und Beinen passiert?" Als der Junge erfährt, wer ihm die Verstümmelungen zugefügt hat, geht er hin zu dem Wasser, in dem das *kikiruk* lebt (Mot. G639), beschmiert einen am Ufer stehenden Schinußbaum mit einem Klebstoff und bindet einen Hahn als „Köder" für das *kikiruk* auf dem Baume fest. Das *kikiruk* steigt aus dem Wasser, klimmt auf den Baum und bleibt dort kleben. Der Junge entzündet unter dem Baum ein Feuer und verbrennt das *kikiruk*.

Nach einer anderen Erzählung (BUL-E0639) hatten die Häuser der Menschen früher keine Türen. Einige *kikita* versuchen vergeblich, durch die Wand in einen Raum einzudringen, um die sich dort aufhaltenden Kinder und deren Mutter zu fressen. Es gelingt den *kikita* schließlich, ein kleines Loch in die Mauer zu schlagen. Die *kikita* bitten einen Straußenvogel, seinen Kopf durch das kleine Loch zu stecken; er soll die Menschen für die *kikita* herausholen. Statt dessen schneiden Mutter und Sohn dem Strauß fast den Hals ab. Ein kleines Loch in der Wand auf der Rückseite des Gehöfts soll seither *kikita* abschrecken.

Über das Aussehen der *kikita* sagen die Geschichten wenig, abgesehen von den buschigen Haaren, die die *kikita* in der Buschwildnis tragen. Nach einigen Geschichten sind die *kikita* auch mit Schwänzen versehene Wesen. So heißt es in einer Erzählung (BUL-E0549), daß der Sohn eines Häuptlings eine besonders schöne Frau heiraten wollte. Ihr Vater verlangt von ihm als Heiratsgabe den Schwanz eines *kikiruk*. Eine alte Frau gibt dem Sohn einen Stein, die Samen eines Dornenstrauches und ein Ei, und sein Vater überläßt ihm das schnellste Pferd, das er besitzt. Die alte Frau erklärt ihm, daß er in die Buschwildnis gehen und dort nach einem großen Baum Ausschau halten soll, in welchem die *kikita* zu schlafen pflegen (Mot. G637). Wenn sie mit dem Geräusch „fur, fur" atmen, dann schlafen sie noch nicht; wenn er jedoch hört, daß sie das Geräusch „fur-kalak, fur-kalak" von sich geben, dann schlafen sie. Der Junge findet den Baum, wartet, bis die *kikita* eingeschlafen sind, befühlt ihre Schwänze und schneidet dem Häuptling der *kikita,* der den größten Schwanz hat, diesen ab. Der Häuptlingssohn flieht mit dem Schwanz vor den ihn verfolgenden *kikita.* Als sie ihm dicht auf den Fersen sind, läßt er die Dornstrauch- samen fallen, und die *kikita* müssen die aus ihnen erwachsenen Dornensträucher überwinden. Dann läßt der Junge den magischen Stein fallen; dieser verwandelt sich in einen riesigen Felsen, den die *kikita* überklettern müssen. Schließlich läßt der Verfolgte das Ei fallen; es zerbricht und wird zu einem großen Fluß oder See (Mot. G638). Da die *kikita* diesen nicht überqueren können, lassen sie von ihrer Verfolgung ab.

Nach dieser magischen Flucht[41] kehrt der Sohn des Häuptlings zu seinem Vater zurück. Der Vater des umworbenen Mädchens überläßt ihm seine Tochter und auch den Schwanz des *kikiruk.* Bei der Hochzeit wird getanzt; zum Tanz erscheint eine wunderschöne Frau, die ihn ebenfalls zur Heirat überredet. Sie findet den Schwanz des *kikiruk* beim Sohn des Häuptlings und fragt ihn, woher er ihn habe. Als er ihr das Geheimnis verrät, verwandelt sie sich in ein *kikiruk* und versucht, den Sohn des Häuptlings zu töten. Er schlägt mit einem Knüppel aus Stahl auf das *kikiruk* ein; es (sie) fliegt auf und hängt sich unter die Decke – ein Verhalten, das die Bulsa auch in der Realität den *kikita* nachsagen. Schließlich verwandelt das *kikiruk* sich in einen Baum; es folgt die oben bereits erwähnte Episode, wonach der Baum sich wiederum in ein *tang-gbain* verwandelt (vgl. oben S. 28 f.).

In einer Variante dieser Erzählung (BUL-E0559) verwandelt sich die *kikiruk*-Frau, als der Sohn des Häuptlings sie mit dem Stahlknüppel schlägt, zuerst in einen Löwen, dann in einen Elefanten und erst zuletzt in einen Baum. Die Fähigkeit, sich zu verwandeln, scheint eine der unheimlichen Eigenschaften der *kikita* zu sein. Diese übernatürliche Fähigkeit können die *kikita* auch in bezug auf andere Perso- nen, Tiere oder Gegenstände ausüben. Das wird in einer humorvollen Erzählung (BUL-E0417) der Bulsa deutlich: Ein Mann aus dem Bulsa-Orte Kadema hat eine schöne Tochter, um die die Häuptlinge von Kadema, Sandema, Wiaga und Sinyensi freien. Wem soll er seine Tochter zur Frau geben? Der Vater möchte keinen der Häuptlinge bevorzugen und dadurch die übrigen verärgern. In seiner Verlegenheit

---

[41] Dieser Erzähltypus der „Magischen Flucht" ist weltweit verbreitet, vgl. AARNE-THOMPSON 1964, Typ Nr. 313, 314. Auch das Motiv der fallengelassenen Gegenstände, die für die Verfolger zu Hindernissen werden, findet sich in den Erzählungen zahlreicher Völker, vgl. THOMPSON 1955:II, S. 77 (Mot. D672 „Obstacle flight") und ebd.:III, S. 362 (Mot. G550 „Rescue from ogre").

hilft ihm ein *kikiruk;* es kommt vom Himmel und verwandelt ein Schaf, eine Ziege und einen Hund in Mädchen, die seiner Tochter aufs Haar gleichen; die „echte" Tochter verheiratet er an den Häuptling seines eigenen Ortes, Kadema, die übrigen an die drei anderen Häuptlinge im Bulsa-Lande. So kommt es, daß heute die Frauen in Sandema ständig „bellen" wie Hunde, daß die Frauen in Sinyensi dumm sind wie Schafe und die Frauen von Wiaga „taub" wie Ziegen: sie hören nicht auf ihre Männer. Nur die Frauen von Kadema sind menschliche Wesen, stets freundlich und respektvoll.

Vielfach stellen die *kikita* den Menschen unlösbare Aufgaben (Mot. H1010ff.). Nach einer Erzählung (BUL-E0652) geht ein ungehorsamer Sohn entgegen dem Verbot seines Vaters zu Nachbarn aufs Feld. Dort landet ein *kikiruk,* das sein buschiges Haar rasiert haben will. Als der Junge dies getan hat, verlangt das *kikiruk,* daß er die Haare auf seinen Kopf zurückversetzt. Wenn er diese unlösbare Aufgabe nicht erfüllen kann, droht das *kikiruk* dem Jungen, es werde ihn töten. Der Vater rät seinem Sohn, er solle das *kikiruk* auffordern, zunächst seine eigenen Fußstapfen einzusammeln. Er soll ihm also ebenfalls eine unlösbare Aufgabe stellen.

In einer anderen Erzählung (BUL-E0416[42]) macht sich eine Frau mit ihrem Kind auf den Weg zu ihren Eltern. Unterwegs kommen sie an einem Feld, auf dem Eierfrüchte[43] wachsen, vorbei. Das Feld gehört *kikita.* Das Kind schreit: Es möchte etwas von den Eierfrüchten haben. Die Mutter verwehrt ihm das: Die Eierfrüchte gehören nicht ihnen, und sie will sie nicht stehlen. Da erscheint ein *kikiruk* mit einem Auge, einem Ohr, einem Bein, einem Arm und buschigem Haar und fordert die Frau auf, sie solle Eierfrüchte für ihr Kind pflücken. Kaum hat sie dies getan, fordert das *kikiruk* sie auf, die Eierfrüchte wieder auf die Pflanzen zurückzuversetzen, andernfalls es sie und ihr Kind verschlingen würde. Die Frau ruft mit einem Lied ihre drei Hunde herbei, die das *kikiruk* verjagen.

Wie in dieser Geschichte, so werden auch in anderen und in der Realität *kikita* vielfach an körperlichen Abnormitäten und Deformationen kenntlich. Alle Kinder, die in bestimmter Weise mißgestaltet geboren werden, geraten bei den Bulsa in den Verdacht, *kikita* zu sein. Auch heute noch werden sie von den dazu besonders befähigten Männern, den *kikiruk paro,* getötet, wenn sie sich gegen die Einnahme einer bestimmten Medizin wehren und damit anzeigen, daß sie *kikita* sind (vgl. SCHOTT 1970:64; KRÖGER 1978:57). In manchen Bulsa-Erzählungen werden aber auch andere, offensichtlich fiktive Abnormitäten als Anzeichen dafür genannt, daß neugeborene Kinder in Wirklichkeit *kikita* sind, so z. B., wenn ein

---

[42] Variante: BUL-E0660.
[43] Buli: *komi,* pl. *koma,* „local ‚garden egg' or aubergine (green or red fruit, looks like a tomato, tastes like ‚garden egg', traditionally eaten raw)" KRÖGER s. d.

Junge kurz nach seiner Geburt gehen und sprechen kann (BUL-E0429). Auch Zwillinge geraten leicht in den Verdacht, bösartige *kikita* zu sein (vgl. KRÖGER 1978:56). In meiner Abhandlung über „Leben und Dichtung eines westafrikanischen Bauernvolkes" habe ich eingehend eine Erzählung (BUL-E0523) der Bulsa analysiert, in der frevelhafte Zwillinge, ein Junge und ein Mädchen, als *kikita* ihre Schreckenstaten vollbringen und Unheil stiften, bis sie von einem *kikiruk* in den Himmel entführt werden. Der Kampf zwischen dem Jungen, der mit Pfeil und Bogen auf das *kikiruk* schießt, löst den Blitz aus, die aneinanderprallenden Köpfe den Donner, und der Schweiß der Kämpfenden strömt als Regen hernieder (vgl. SCHOTT 1970:54–82; 1988:125–138). Hier nimmt das von den *kikita* ausgelöste Geschehen geradezu mythische Dimensionen an. Immer haftet den *kikita* etwas Außer- und Übermenschliches, Furcht- und Schreckenerregendes an.

7. Der Tod, die Toten und Totengeister in Erzählungen der Bulsa

Die Buschwildnis wird in einer Erzählung (BUL-E0654) auch als Versammlungsort der Toten (*kpilima*) genannt. Ein Jäger trifft im Busch auf Tote, die unter einem Baum ihre Sitzleder ausbreiten. Der tote Vater eines Freundes hat kein Sitzleder; seine Mit-Toten weigern sich, ihn auf ihren Ledern sitzen zu lassen und drohen, den Sohn des Toten umzubringen, wenn er nicht für seinen Vater sorgt. Dieser opfert daraufhin für seinen Vater zwei große Rinder, so daß er nunmehr auch ein Sitzleder hat.

Erzählungen über den Tod und die Toten sowie vor allem über Totengeister und Totengedenkfeiern machen einen erheblichen Anteil an der Gesamtheit der Bulsa-Erzählungen aus. Dagegen wird der im Mittelpunkt des religiösen Lebens der Bulsa stehende Ahnenkult (vgl. dazu SCHOTT 1970:23–28; KRÖGER 1982) in den Erzählungen – von der soeben angeführten Ausnahme abgesehen – fast nie auch nur erwähnt. Bereits in meinem Vortrag, den ich hier 1968 hielt, stellte ich fest:

„Untersucht man die Thematik des bei den Bulsa vorhandenen Lied- und Erzählgutes, so zeigt sich, daß alles, was für die Angehörigen dieses Volkes unbezweifelt feststeht und als selbstverständlich hingenommen wird, kaum jemals als Motiv oder Thema in den Liedern und Erzählungen erscheint. Die grundlegenden Glaubensbegriffe *teng* und *wen* kommen in der Dichtung, soweit ich sie gesammelt habe, nur selten zur Sprache, und auch die [mit diesen Glaubensvorstellungen zusammenhängenden] Opferriten werden so gut wie gar nicht behandelt." (SCHOTT 1970:28 f.)

Diese Feststellung hat sich im weiteren Verlauf der Sammlung von Erzählungen bestätigt: Erzählungen, die als ethnographische Quellen für Aussagen über den Erdkult und den Ahnenkult dienen könnten, sind so gut wie gar nicht vorhanden.

Die Toten hingegen spielen in zahlreichen Erzählungen eine zentrale Rolle. In einer Erzählung (BUL-E0908) verweigert sich eine Tochter allen Freiern. Schließlich kommen acht Tote oder Ahnen (*kpilima*) und freien um die Tochter.[44] Sie folgt ihnen in den Busch zu einer verlassenen Siedlung mit vielen Gräbern, die nach der Sitte der Bulsa mit Töpfen bedeckt sind. Die Toten verschwinden in ihren Gräbern. Dabei singen sie ein Lied. Die alleingelassene Tochter rennt nach Hause, singt das Lied und stirbt, ebenso alle ihre Verwandten und Leute im Dorf, die das Lied nachsingen. Verschont wird nur ein Waisenkind, das das magische Lied nicht mitsingt.

Eine Variante (BUL-E0283) dieser Erzählung, in der *tang-gbana* als abgewiesene Freier dem Mädchen ein Lied vom Totenreich singen, habe ich oben bereits angeführt (vgl. S. 27). Jeder patrilineare Klan hat bei den Bulsa sein eigenes Totenreich (*kpilung*), das an einer bestimmten Wasserstelle, bei einem Felsen oder auch auf einem Baum, mutmaßlich also auch bei bestimmten Erdheiligtümern (*tang-gbana*), lokalisiert wird (vgl. SCHOTT 1970:17, 44f.; KRÖGER 1982:6).

Früher bereits habe ich eine Erzählung (BUL-E0066[45]) wiedergegeben, die davon berichtet, daß eine Hexe (*sakpak*) stirbt und als Totengeist (*kok*) in den Raum ihrer Tochter zurückkehrt. Diese verbirgt den Totengeist, ihre Mutter, im Schlafraum (*dayiik*).[46] Die Tochter trägt ihre Mutter als Totengeist in einem Korb zu einer Totengedenkfeier und singt dabei eine Totenklage, die die Mutter im Korb wiederholt; als die Muttersbrudersfrau dem Mädchen den Korb abnimmt und die Totenklage der Mutter aus dem Korb hört, läßt sie vor Schreck den Korb fallen. Die Mutter rennt als Totengeist ins Tal (vgl. SCHOTT 1970:45f.). Nach einer Variante dieser Erzählung (BUL-E0065) wird die Mutter, nachdem sie dem Korb entstiegen ist, von Hunden in den Busch gejagt. Auch nach dieser Erzählung gilt also die Buschwildnis als Aufenthaltsort von Totengeistern.

Totengeister (*kokta*), die von ihren Ahnen nicht ins Totenreich (*kpilung*) eingelassen werden, weil sie bei Lebzeiten Hexen (*sakpaksa*) waren, streifen ruhelos umher, bis sie von Hyänen gefressen werden oder ertrinken und so den endgültigen Tod erleiden. Diese Totengeister kehren, bevor sie endgültig sterben, vielfach in die Gehöfte der Menschen zurück; wer einen solchen Totengeist berührt, muß ebenfalls sterben. Diese „Botschaft" verkünden zahlreiche Erzählungen der Bulsa.[47]

---

[44] In einer Variante dieser Erzählung (BUL-E0405) wird gesagt, die Tochter eines Häuptlings solle nicht Männer heiraten, die des Nachts zu ihrem Elternhause kommen. Die Tochter widersetzt sich dem und folgt vier Totengeistern, die in der Nacht gekommen sind, zu einem Loch [Grab?], in dem die Geister verschwinden. Geister sangen zuvor ein Lied; als die nach Hause zurückgekehrte Tochter dieses Lied wiederholt, stirbt sie; ebenso ihre Eltern und alle, die auch das Lied singen.

[45] Varianten: BUL-E0065, BUL-E0104, BUL-E0170.

[46] Dieser Raum ist nur durch einen davor liegenden Raum, das *dalong*, zu betreten (vgl. KRÖGER s. d.).

[47] So z. B. die Erzählungen BUL-E0053, BUL-E0511, BUL-E0541, BUL-E0916.

So heißt es etwa in einer Erzählung (BUL-E0053): Ein Toter kehrte als Geist (*kok*) zurück. Als er vom Tode seines Bruders erfährt, ergreift er in der Nacht eine Trommel (*gunggong*), die unter der Achselhöhle getragen wird, schlägt sie und singt ein Lied der Totenklage zum Ruhme seines Bruders. Als die Frauen des Gehöftes, wie es bei den Bulsa der Brauch ist, aus dem Gehöft kommen, um den Mann zu begrüßen, umarmen sie ihn und bieten ihm Hirsewasser sowie einen Schlafplatz an. Er aber legt sich erst im *kusung* nieder, dann singt er noch einmal sein Trauerlied auf den verstorbenen Bruder und streckt sich dann unter einer Hibiskus-Pflanze, die beim Gehöft wächst, zum Schlafe aus. Am nächsten Morgen erkennen die Bewohner des Gehöftes voller Schrecken, daß sie einen Totengeist begrüßt und berührt haben und nun selbst sterben müssen.

Nach einer Erzählung (BUL-E0403) lebte eine Frau mit ihrem Sohn und zwei anderen Frauen, die Hexen (*sakpaksa*) waren, in einem Gehöft zusammen. Die beiden Hexen zogen immer wieder aus, um sich Menschenfleisch zu beschaffen; Menschenfresser zu sein, ist eine Eigenschaft von Hexen. Wenn die beiden Frauen mit Menschenfleisch ins Gehöft zurückkehrten, gaben sie stets auch etwas der anderen Frau davon ab. Eines Tages sagten sie ihr, sie seien tagtäglich losgezogen, um sich Menschenfleisch zu holen und sie hätten ihr immer etwas davon abgegeben, jetzt wollten sie auch einmal Menschenfleisch von ihr haben. Die Frau wußte nicht, wo und wie sie Menschenfleisch für die Hexen beschaffen könnte. In ihrer Ratlosigkeit ergriff sie ihren Sohn und tötete ihn für die Hexen. Nach wenigen Tagen kehrte der Sohn als Totengeist zurück, ging in das Gehöftabteil seiner Mutter, holte seine Trommel heraus, setzte sich vor das Gehöftabteil und begann, als die Leute zur Totenklage kamen, seinen Trauergesang: „Niemand soll um mich klagen, denn meine eigene Mutter hat mich der Hexen wegen getötet; ich bin nicht nach dem Willen Gottes gestorben".[48]

Einer anderen Erzählung (BUL-E0415[49]) zufolge hatten Eltern einen Sohn, der sehr „stolz", d. h. eingebildet oder hochmütig[50] war. Sein Vater starb; der Junge sorgte für seine Mutter, die selbst auch hochmütig war – sie „verleumdete andere Leute und tat ihnen unrecht." Dann starb auch der Sohn „in der Regenzeit, so daß die Totenfeier [für ihn] nicht durchgeführt werden konnte." Er kehrte als Geist zurück; „da die Totenfeier [in der Regenzeit] nicht abgehalten werden konnte, konnte er sich auch nicht in etwas anderes[51] verwandeln." Weiter heißt es im Text,

---

[48] D. h. nicht eines natürlichen Todes. Zur Zeremonie der Feststellung der Todesursache vgl. Schott 1989 b:257.

[49] Variante: BUL-E0637.

[50] Im Buli-Text heißt es: *Nidoa-bini a jam ta kanjata yeg-yega*. Wörtlich übersetzt: ‚Der Junge hatte viel Stolz'. Das Nomen *kanjaung*, pl. *kanjata* bedeutet soviel wie „pride, conceit, haughtiness, showing-off", Kröger s. d.

[51] Im Text heißt es: *ja-yong-o*, wörtlich: ‚irgendetwas anderes, ein anderes Ding, sonst etwas'. Nach einer Anmerkung des Übersetzers ist gemeint: ‚z. B. ein Tier', was bedeuten würde, daß Totengeister sich

der die Realität des Jahresablaufs zutreffend beschreibt: „Als die Trockenzeit begann und sie die Hirse geschnitten [= geerntet] hatten, brachten sie an ihren Altären (*bogluta*, sing. *bogluk*) Dankopfer (*fiok*[52]) dar und dann bauten sie ihre Häuser wieder auf,[53] so daß sie fertig waren, bevor sie die Totengedenkfeiern abhielten.[54] Einer der Räume der Frau war während der Regenzeit zusammengebrochen, aber weil sie hochmütig war, war niemand bereit, ihr beim Wiederaufbau ihres Raumes zu helfen, bevor man mit der Abhaltung der Totengedenkfeier begann. Da sagte der Geist zu seiner Mutter: ‚Du hast die Leute um Hilfe gebeten, aber vergebens – ich werde dir helfen, den Raum zu errichten. Das Wasserholen ist deine Sache!'"[55] Als die Nacht hereingebrochen war, rissen die Frau und ihr Geistsohn die alten Wände nieder und zerstießen den Lehm mit hölzernen Hämmern.[56] Am nächsten Morgen trauten die Leute im Orte ihren Augen nicht und sagten: „Die Frau kann Wunder[57] tun!" In der darauffolgenden Nacht bereiteten Mutter und Sohn die Lehmbälle zum Bau des Raumes zu, und der Geistsohn errichtete den ersten Bauabschnitt. Wiederum staunten die Leute, denn es ist unmöglich, einen Raum in der Lehmbauweise allein und ohne Hilfe anderer zu errichten. In der nächsten Nacht fuhren Mutter und Sohn mit dem nächsten Bauabschnitt fort und der Sohn sang dazu ein Lied:

> „Meine Mutter, wirf [die Lehmbälle] hierher! Du wirfst, so daß die Wand niederfällt, du wirfst wie eine junge [starke] Frau, die die Wände niederfallen läßt!
> Wirf [die Lehmbälle] her! Du wirfst, so daß meine Wand niederfallen wird, die Wand der jungen [starken] Frau wird niederfallen!"

Während er dies sang, lauschte eine Hyäne, schlich sich von hinten an ihn heran und fraß ihn, den Totengeist, auf. Seine Mutter floh. Die Leute in der Nachbar-

---

in Tiere verwandeln können. Dies entspricht auch den von Herrn Dr. KRÖGER gesammelten Informationen (briefl. Mitteilung).

[52] Ein Opferritus nach der Haupternte, bei dem an allen Opferplätzen und Heiligtümern (*bogluta*) Dankesopfer dargebracht werden müssen. Das Wort *fiok*, pl. *faata* bedeutet: „harvest time and time after harvest, ‚time of plenty' (after harvest), a season of the year (November–February) ... *fiok kaabka* thanksgiving sacrifices after harvest", KRÖGER s. d.

[53] Anmerkung des Übersetzers: ‚die während der Regenzeit zusammengefallen waren'. Bei starken Regenfällen und anhaltender Feuchtigkeit kommt es immer wieder vor, daß die aus Lehm gebauten Häuser und Räume Schaden nehmen.

[54] Auch diese Angabe entspricht den religiösen Normen der Bulsa-Gesellschaft: Für eine Totengedenkfeier soll das Gehöft sich in gutem baulichen Zustand befinden.

[55] Auch dies entspricht den Gewohnheiten der Bulsa: Die Frauen tragen Wasser herbei, mit dem die Männer feuchte Lehmerde herstellen, aus der Ballen zum Bau der Wände eines Hauses, eines Raumes oder eines Speichers geformt werden (vgl. SCHOTT 1970:18 f. und Abbildungen 6–11).

[56] Aus der alten, zerstoßenen Lehmerde wird der Lehmbrei für den neuen Bau hergestellt.

[57] Der Erzähler gebraucht den Ausdruck *kperika*, von *kperik*, adj. „wonderful, strange, supernatural, extraordinary, eccentric, exquisite, miraculous (often implying magic)", KRÖGER s. d.

schaft hörten,wie der Geist in seiner Todesangst aufschrie und sie bekamen auch Angst. Zum Schluß sagt der Erzähler: „Dies ist der Grund, weshalb man sagt, daß wenn du Kinder hast, sollst du nicht ihretwegen hochmütig sein. Und das ist auch der Grund, weshalb man seither hierzulande nachts nicht Häuser baut. Die Nacht ist die Zeit, in der schreckliche Kreaturen[58] und die Toten (*kpilima*) umherziehen."

Der Tod ist das zentrale Thema zahlreicher Erzählungen der Bulsa. In Afrika weitverbreitet ist der Erzähltypus von der verwechselten oder mißglückten Todesbotschaft[59]. Bei den Bulsa heißt es in der entsprechenden Mythe (BUL-E0402): Im Anbeginn ließ Gott den Menschen sterben und wiederkehren, während der Mond starb und nicht wiederkehrte. Ein Ziegenbock machte sich im Auftrage der Menschen zu Gott auf und verwechselte die Botschaft. Der Hund kam zu spät, um die Botschaft zu ändern; Gott blieb bei seinem Beschluß. Der Hund ist Schuld daran, daß der Mensch für immer stirbt; deshalb ißt der Mensch – bei den Bulsa wie bei anderen Völkern dieser Region – Hundefleisch.

Nach einer anderen Erzählung (BUL-E0052), die ich hier bereits in meinem Vortrag im Juli 1968 vortrug, zog der Tod singend seines Weges und ging nicht in die Häuser der Menschen. Eine alte Frau lauschte seinem Gesang und wiederholte sein Lied; daraufhin folgte der Tod ihr ins Gehöft bis in ihren Schlafraum, und als die Frau sich auf ihrer Matte niederlegte, erwürgte er sie. Auf diese Weise kam der Tod in die Häuser der Menschen (vgl. Schott 1970:47–49).

Wie schon erwähnt, wird in einer Erzählung (BUL-E0514) gesagt, daß ein Lepröser sich in Gott verwandelte und Gott einem Häuptling einen Schwanz gab, mit dem er Tote wieder lebendig machen konnte (Mot. E64.16). Dieser Schwanz durfte jedoch nicht im Hause aufbewahrt werden. Als dieses Tabu versehentlich gebrochen wurde, verlor der Schwanz seine Wirksamkeit, und seither ist es deshalb unmöglich, Tote wieder zum Leben zu erwecken.

Als Todesursache wird in den Erzählungen der Bulsa häufig ein abnormes soziales Verhalten angesehen. So berichten viele Erzählungen von einem Mädchen, das sich weigert, irgendeinen der zahlreichen Freier zu heiraten, die um das Mädchen werben. Eines Tages – oder auch Nachts – kommt ein Fremder, zu dem sie auf den ersten Blick in Liebe entflammt. Sie folgt ihm in den Busch, und dort verwandelt er sich in eine Schlange, in eine Buschkuh oder in einen Baum – nichtmenschliche Wesen, die sie selbst oder ihre Mutter töten. In mehreren Erzählungen hei-

---

[58] Der Erzähler gebraucht den Ausdruck *ngan-buuma*, sing. *ja-buui*, von *jaab*, ‚Ding‘, ‚Biest‘ und *buui*, ‚etwas‘, „dreadful, wild beast or creature (unspecified, unknown; may e. g. be used to frighten a child)", Kröger s. d.

[59] Vgl. dazu Baumann 1936:268–279, Kapitel über „Ursprung des Todes, a) Die mißglückte Botschaft", mit zahlreichen Belegen und Literaturangaben. Der „Hund" als das Tier mit der Unsterblichkeitsbotschaft und die „Ziege" als das Tier mit der Sterblichkeitsbotschaft kommt auch in einer Mythe der Dagomba vor, die zur selben Kultur- und Sprachprovinz wie die Bulsa gehören (vgl. Baumann 1936:271, 275).

ratet das Mädchen auch einen oder mehrere Totengeister, gewöhnlich mit tödlichen Folgen für das Mädchen und ihre Familie.[60] In vielen Fällen widerfährt dem
Mädchen dieses Schicksal auch, wie schon erwähnt, wenn sie *tang-gbana* (Erdheiligtümer) heiratet.[61]

Auch die Selbsttötung wird in einigen Erzählungen erwähnt: Frauen, die einen
Totengeist berührt haben, begehen Selbstmord mit vergifteten Pfeilen (BUL-
E0511, BUL-E0541); häufig ist auch das Erzählmotiv, daß eine Frau aus Eifersucht
ihre Mitfrau töten will und ihr einen Trank als „Medizin", in Wirklichkeit einen
Gifttrunk, reicht, die Mitfrau sich jedoch weigert, ihn zu trinken und die Spen-
derin auffordert, selbst davon zu trinken. Wenn die Frau dies tut, um sich nicht zu
verraten, vergiftet sie sich selbst an ihrem Gifttrunk (BUL-E0104, BUL-E0546,
BUL-E0553). Wie erinnerlich, „hilft" Gott einem hochmütigen Mann, der sich
selbst mit dem Namen „Ich-weiß-schon" belegte, beim Selbstmord (BUL-E1224).

8. Totengedenkfeiern und andere religiöse Riten in Erzählungen der Bulsa

In zahlreichen Erzählungen der Bulsa ist von Totengedenkfeiern (Buli: *kuub;*
Engl. *funeral*) die Rede. Während der Leichnam des oder der Toten kurze Zeit nach
Eintritt des Todes bestattet wird, werden die Totengedenkfeiern frühestens in der
auf den Tod folgenden Trockenzeit, oft aber auch erst ein Jahr oder viele Jahre
später abgehalten. Diese Totengedenkfeiern werden bei den Bulsa als wichtigste
rites de passage mit großen Zeremonien und Festlichkeiten begangen (SCHOTT
1970:24f., 44).

Die Erzählungen der Bulsa geben über Einzelheiten des komplizierten Ablaufs
dieser Totengedenkfeiern keine Auskunft; jeder Erzähler kann bei seinen Zuhörern die Kenntnis dieser Details voraussetzen. Für den Ethnographen, der als
Fremder diese und andere Übergangsriten der Bulsa untersucht, ist insofern der
Wert der Erzählung als ethnographische Quellen begrenzt. Wohl aber lassen die
Erzählungen etwas von der inneren Einstellung der Bulsa zu den Totengedenkfeiern erkennen.

Mehrere Erzählungen machen z. B. das Ethos der Kleinfamilie deutlich, deren
Mitglieder sich über den Tod hinaus einander verbunden wissen. Die Totengedenkfeiern geben dieser Familiensolidarität rituellen Ausdruck. Erinnert sei an
eine Erzählung (BUL-E0065, BUL-E0066), nach der eine Tochter ihre als Totengeist zurückgekehrte Mutter in einem Korb zur Totengedenkfeier bringt; dabei

---

[60] So z. B. in den Erzählungen BUL-E0120, BUL-E0176, BUL-E0195, BUL-E0197, BUL-E0250,
BUL-E0251.
[61] BUL-E0530, BUL-E0665, BUL-E0903, BUL-E1338.

singt die Tochter, wie es bei den Bulsa üblich ist, ihre Totenklage, die die im Korb verborgene Mutter wiederholt; schließlich steigt die Mutter aus dem Korb und wird als Totengeist von Hunden in den Busch gejagt.

In anderen Erzählungen (BUL-E0415, BUL-E0637) lebt ein als Totengeist zurückgekehrter Sohn im Raum seiner Mutter, solange die Totengedenkfeiern nicht abgehalten sind. Dies kann, wie erinnerlich (vgl. oben S. 37), erst geschehen, wenn die während der Regenzeit zerfallenen Räume wiederaufgebaut sind. Der Sohn hilft als Totengeist nachts seiner Mutter beim Bauen.

Erwähnt wurde auch schon eine Erzählung (BUL-E0053), in der ein Bruder, der als Totengeist wiederkehrt, zur Totengedenkfeier seines Bruders, der ebenfalls verstorben ist, mit einer Trommel unterm Arm zieht und dabei die Totenklage für seinen Bruder singt. Wer als Trauernder zur Totengedenkfeier kommt, wird von den Bewohnern des Gehöftes begrüßt, und einige besonders eng mit dem Trauernden verwandte oder befreundete Personen umarmen ihn oder sie. Alle, die in dieser Weise einen Totengeist umarmt haben, müssen sterben. Seither soll man, nach anderen Erzählungen (BUL-E0511, BUL-E0541, BUL-E0916), in denen ein Totengeist zur Totengedenkfeier seiner Schwester geht, des Nachts keine Leute umarmen, die zur Totengedenkfeier kommen, denn es könnte sich um Totengeister handeln.

Nach einer weiteren Erzählung (BUL-E0258) kommen Eltern zur Totengedenkfeier ihrer Tochter, die durch *tang-gbana* getötet wurde, weil sie ihren Ehemann, einen Aussätzigen, niederträchtig behandelte, indem sie seine Speisen und Getränke mit Faeces und Urin verunreinigte und eine glitschige Soße auf die Leiter schmierte, auf der der Lepröse mit seinen verstümmelten Gliedmaßen ausrutschte. Die Mutter des verstorbenen Mädchens singt in ihrer Totenklage:

Ich gab meine Tochter nicht einem Aussätzigen,
Die Tochter selbst heiratete einen Aussätzigen.

Der Aussätzige antwortet in seiner Totenklage:

Häuptlingsmutter, deine Tochter schiß [in meine Speisen] und ich aß,
Häuptlingsmutter, was ist meine Schuld?[62]
Häuptlingsmutter, deine Tochter pißte [in meine Getränke] und ich trank,
Häuptlingsmutter, was ist meine Schuld?
Häuptlingsmutter, deine Tochter schmierte glitschige Sauce auf die Leiter und ich fiel!
Häuptlingsmutter, was ist meine Schuld?

---

[62] *Anaab-ma, mi noai wari ni [ale] boa?*, wörtlich: ‚Häuptlingsmutter, was ist meine Mund-Sache?‘, *noai-wari* „opinion, view, judgment", Kröger s. d. Der Übersetzer gab diesen Satz wie folgt wieder: ‚Chief's mother what is my fault?‘

Teil einer Totengedenkfeier ist ein Ritus, den die Bulsa *nangsa fobka*, wörtlich: ‚das Schlagen der Beine [des Toten]‘[63] nennen. Dabei wird ein Tier getötet, ohne sein Blut zu vergießen, indem man es nicht schlachtet, sondern erschlägt. Dieses Tier, oder, bei einem bedeutenden Verstorbenen mehrere so getötete Tiere, werden auf dem Aschehaufen vor dem Gehöft niedergelegt; sie sollen den Toten oder die Tote ins Totenland begleiten. In einer Erzählung (BUL-E0543[64]) fragt ein Vater seine Söhne, mit welchen Tieren sie die *nangsa fobka*-Zeremonie ausführen wollen. Der älteste Sohn antwortet: mit einer Kuh, der zweite Sohn will einen Esel erschlagen, der dritte Sohn ein Schaf, der vierte Sohn einen Hahn und der jüngste Sohn einen Menschen. Um seine Söhne auf die Probe zu stellen, täuscht der Vater seinen Tod vor. Tatsächlich bringt der älteste Sohn eine Kuh an und erschlägt sie, dann kommt der nächstjüngere mit seinem Esel und tut das gleiche, bis hin zum jüngsten Sohne. Dieser bringt seine Frau, um sie bei der Totengedenkfeier für seinen Vater zu erschlagen. Die Frau fragt den jüngsten Sohn, ob er sie nur geheiratet und hierher gebracht habe, um dies mit ihr zu tun? Der jüngste Sohn antwortet, sie solle kommen und nicht so viel reden. Weiter heißt es in der Geschichte: „Dann kamen sie beim Aschehaufen an und der Junge wollte sie erschlagen, als sein Vater aufstand und sagte: ‚Der Sohn eines Häuptlings überschreitet keine Asche!‘[65] Der Junge kam und sagte der Frau, daß sie keinen Verstand habe, sie solle [die Sitte] seines Hauses [seines Klanes] lernen, eine Sitte, die sie durchführen und [derentwegen?] sie ihre Frauen heiraten.“ Der Erzähler fügte folgende Schlußsätze hinzu: „Wenn einstmals der Junge [der jüngste Sohn] die Beine seines Vaters mit der Frau ‚geschlagen‘ [d. h. diese Zermonie mit seiner Frau durchgeführt] hätte, dann wäre es so, wie wir hier sitzen, daß, wenn dein Vater stirbt, du deine Frau ergreifen und seine [des Vaters] Beine mit ihr ‚schlagen‘ müßtest. Weil aber der Junge [einst seine Frau anläßlich der Totengedenkfeier für seinen Vater] nicht erschlagen hat, ist es [heutzutage] so, daß wenn dein Vater stirbt, du nicht eine Frau [er]schlägst.“ Mit dem fiktiven Geschehen, über das eine Erzählung berichtet, wird ein heutiger Brauch begründet.

Solche ätiologischen Motive (Mot. A1500ff.), bei denen bestimmte Sitten und Bräuche, vor allem religiöse Zeremonien (Mot. A1540ff), auf ein in Erzählungen berichtetes Geschehen zurückgeführt und in ihrer heutigen Geltung mit dem damaligen Ereignis begründet werden, finden sich häufig in Erzählungen der Bulsa.

Eine eigenartige Geschichte (BUL-E0878) berichtet über den Ursprung der *wen*-Steine, die auf den Lehmaltären (*wen-bogluta*) der Bulsa die verstorbenen Ahnen

---

[63] Vom Nomen *nang*, pl. *nangsa*, ‚Bein‘, ‚Fuß‘, und dem Verbum *fobi* „1. to beat, to slap, to slaughter, to thrash or thresh ... 2. to cut“.

[64] Varianten: BUL-E0519, BUL-E0609, BUL-E0610.

[65] Der Sinn dieses Sprichworts ist nicht ganz klar; möglicherweise bezieht es sich auf diesen Brauch. Gemeint ist: Der jüngste Sohn soll von seinem Tun ablassen.

repräsentieren, folgendes: Der Lieblingssohn eines Häuptlings trifft unterwegs bei einem Dornstrauch auf ein *kikiruk* mit halbem Körper. Das *kikiruk* befiehlt ihm, stehenzubleiben; als er sich weigert, läßt es den Sohn sterben und erweckt ihn dann wieder zum Leben. Das weibliche *kikiruk* verlangt vom Häuptlingssohn, er solle es nach Hause mitnehmen und es heiraten. Als der Sohn sich weigert, läßt das *kikiruk* ihn wiederum sterben und lebendig werden. Zu Hause hält es beide nicht lange; das *kikiruk* nimmt den Jungen wieder mit zu dem Dornstrauch und von dort in sein Haus in ein unterirdisches Reich, in dem alle Dinge im Überfluß vorhanden sind. Dem Häuptling wird davon berichtet; er wird eifersüchtig auf seinen reich gewordenen Sohn und läßt einen Haufen aus trockenem Holz aufschichten, anzünden und seinen Sohn daraufwerfen und verbrennen. Die *kikiruk*-Frau des Sohne steht derweil beim Eingang und ruft ihn dreimal mit dem *weliing*-Schrei,[66] wie ihn die Bulsa-Frauen ausstoßen, wenn sie jemanden lobpreisen wollen. Obwohl der Junge schon zu Asche verbrannt ist, steht er aus dem Feuer wieder auf; die Leute erweisen ihm ihre Achtung, indem sie Felle vor ihm ausbreiten. Sein Vater, der Häuptling, behandelt ihn geringschätzig. Am nächsten Tage läßt der Häuptling noch mehr Holz aufschichten und anzünden; seine Leute nehmen ihn selbst und werfen ihn ins Feuer. Seine Frau stellt sich an den Eingang und stößt ebenfalls lobpreisende *weliing*-Schreie aus, aber vergeblich: der Häuptling verbrennt und ein runder Stein (*buntankori*[67]) rollt aus dem brennenden Holzfeuer heraus. Der Sohn nimmt den Stein und befestigt ihn auf einem Lehmkegel; der Stein „wurde zum *bogluk* und er opferte auf ihm. Dies ist der Grund, weshalb es ein *bogluk* auf Erden gibt", beendete der Erzähler seine Geschichte.

In einer Variante dieser Erzählung (BUL-E0671) erhält eine unfruchtbare Frau auf mysteriöse Weise, nachdem sie in der Buschwildnis war, um Feuerholz zu holen, einen Sohn, der sich, da der Ehemann der Frau ihn nicht als einen Sohn anerkennt, selbst einen Namen gibt: „[Ich]-gehe-nicht-aus-dem-Hause". Infolgedessen findet er keine Frau. Er heiratet schließlich eine Frau mit Krätze, die ihn und seine Eltern sterben und wiederauferstehen läßt, ihn zu ihrem Elternhaus führt, wo ihre Verwandten in Gräbern leben und Leoparden und Löwen als Haustiere halten. Der Mann und seine Frau werden reich beschenkt;[68] sie wird schön und gebiert viele Kinder.

---

[66] *Weliing* oder *wuliing*, n. „ululation, high pitched cry (e.g.) in praise of a dance or a speech (esp. uttered by women)" KRÖGER s. d.

[67] *Buntankori*, „hard round stone, used for grinding medicine, for roughening bigger grinding stones and as *wen*-stones for ancestral shrines, pebble", KRÖGER s. d.

[68] In einer Variante dieser Erzählung (BUL-E0503) ist es Gott (*Naawen*), dessen Tochter sich aus einem Wesen mit halbem Körper (wahrscheinlich einem *kikiruk*) in eine schöne Frau verwandelt und der sie und ihren Mann reich beschenkt (vgl. SCHOTT 1989 b:263).

In zahlreichen Erzählungen der Bulsa ist von Gelübden und Opferversprechen, vor allem an *tang-gbana,* und den damit verbundenen Gefahren die Rede. Opferversprechen gegenüber *tang-gbana* müssen unbedingt erfüllt werden, andernfalls stirbt derjenige, der ein solches Versprechen abgelegt hat. In einer Erzählung (BUL-E0864) tritt ein Fluß als ein *tang-gbain* auf: Ein armer Mann verspricht diesem Fluß eines seiner Kinder, wenn er ihm zu Reichtum und einer Frau und Kindern verhilft. Der Mann heiratet eine Frau und bekommt von ihr vier Söhne und eine Tochter namens Atubaru; das Mädchen will er dem Fluß opfern. Sie braut Hirsebier als Opfertrank und trägt das Bier zum Fluß. Als das Mädchen mit dem Fuß in das Wasser des Flusses steigt, ergreift er es. Der Mann und seine Söhne werden ebenfalls vom Fluß getötet. Die Moral der Geschichte: Man soll in Notsituationen keine Eide leisten und Versprechen ablegen.

9. Tabuvorschriften in Erzählungen der Bulsa

Auch Tabuvorschriften müssen unbedingt eingehalten werden; ein Tabubruch hat fatale Folgen. Weit verbreitet in Westafrika sind Erzählungen vom „Butterkind" (vgl. SEYDOU 1984). In einer Version der Bulsa (BUL-E0468) geht eine unfruchtbare Frau mit ihren Mitfrauen aufs Feld. Als letztere sich niedersetzen, um ihre Kinder zu stillen, beschimpfen sie die unfruchtbare Frau, die sich auch hingesetzt hat. Die Frau geht in den Busch, weint und setzt sich unter einen Schinuß-Baum. Der schenkt ihr eine Schi-Nuß, aus der in einem Topf ein Kind (Mädchen) wird, das unter dem Tabu steht, nicht ans Feuer oder in die Sonne gehen zu dürfen. Viele Bewerber freien um das Mädchen, aber die Mutter weist sie alle ab. Ein Häuptling heiratet sie schließlich, obwohl ihm das Tabu bekannt ist, unter dem das Mädchen lebt. Der Häuptling badet das Mädchen in kaltem Wasser, das seine anderen Frauen herbeitragen müssen. Als der Häuptling eines Tages verreist ist, beschimpfen seine anderen Frauen das Mädchen: Sie liege den ganzen Tag da, während sie alle Arbeiten zu tun haben. Die Frauen befehlen dem Mädchen, die schwere Arbeit des Hirsemahlens zu verrichten. Als das Mädchen bei der Arbeit anfängt zu schmelzen, nehmen sie es mit zur Wasserstelle; auf dem Wege dorthin schmilzt es weiter. Dann soll sie am Feuer stehen und das Hirsebier umrühren, dabei schmilzt sie ganz dahin. Der Häuptling kehrt zurück, vermißt das Butterkind, seine Lieblingsfrau, wirft alle seine anderen Frauen ins Feuer und läßt zuletzt sich selbst verbrennen.

Eine andere Version dieser Erzählung (BUL-E0221) beendet der Erzähler mit den Worten: „Das ist der Grund, weshalb man sagt, daß wenn jemand ein Tabu zu beachten hat, bestrafe ihn nicht, denn wenn du das tust, wirst du etwas sehen [= erleben], was du nicht magst."

Verurteilt wird in dieser Geschichte die kinderlose Frau, die müßig ist, während die anderen Frauen ihre Kinder versorgen; verurteilt wird auch das Butterkind, das seiner Konstitution wegen müßig bleiben muß und für das ihre Mitfrauen arbeiten müssen. Noch schwerer aber wiegt in der Wertordnung der Bulsa das magisch-religiös begründete Tabu (*kisuk*).

Die Erzählungen der Bulsa sind also als religionsethnologische Quellen weniger geeignet, etwas über ihre „realen" Glaubensvorstellungen und Kultpraktiken auszusagen, als vielmehr über ihr religiös begründetes Ethos und auch über einzelne Moralvorschriften Aufschluß zu geben. Das „Butterkind" ist ein fiktives, unwirkliches Wesen, das auf unnatürliche Weise entsteht und vor den Kräften der Natur vergeht. Nicht unwirklich, sondern als Handlungsmaxime verbindlich aber sind die aus der Geschichte vom Butterkind zu ziehenden Schlußfolgerungen: Unsere Alltagsethik mit dem Grundsatz, nicht seine Gefährten arbeiten zu lassen, während man selbst müßig ist, oder – erst recht nicht – andere für einen arbeiten zu lassen, – dieser Grundsatz wird außer Kraft gesetzt, wenn höherrangige Gebote, die aus der Respektierung magisch-religiöser Vorschriften („Tabus") resultieren, dies fordern.

Immer wieder sind es in den Erzählungen Frauen, die sich in der von Männern bestimmten religiösen und sozialen Welt der Bulsa über geltende Gebote und Normen hinwegsetzen und Tabus brechen. Dafür nochmals drei Beispiele: In einer Erzählung (BUL-E0942) heiratet eine Tochter gegen den Willen ihrer Eltern einen Ehemann, der sie in den Busch entführt und sich erst in eine Pferdeantilope, dann in einen „roten Wind" verwandelt. Ein Hund errettet die Tochter, die sich auf einen Kapok-Baum geflüchtet hat. Deswegen ist Hundefleisch für sie hinfort Tabu. Sie bricht das Tabu; nachdem sie Hundefleisch gegessen hat, kommt ein Hundekopf statt Faeces aus ihrem Anus und sie stirbt.

Auch die folgende Erzählung (BUL-E1239) berichtet über die Bestrafung einer Frau für die Verletzung eines Tabus: Eine Schlange tötet eine Frau, die ein Waisenkind gezwungen hat, sich gegen *tang-gbana* zu vergehen. Wie erinnerlich, heißt es in einer anderen Erzählung (BUL-E1379), daß eine Frau nachts Hirse stampft, obwohl ihr dies untersagt wurde. *Tang-gbana,* die vorbeikommen, fragen singend: „Wer stampft nachts Hirse?" Die Frau antwortet mit einem Spottlied. Die *tang-gbana* verfolgen die Frau bis in ihren Schlafraum und töten sie.

Nach einer weiteren Erzählung (BUL-E1698) gab Gott sich im Anfang den Menschen selbst zur Nahrung; eine alte Frau widersetzte sich seinem Gebot, sein Fleisch nicht mit einem bestimmten Gewürz vermischt zu essen. Nachdem die alte Frau dieses Tabu verletzt hatte, zog Gott sich von den Menschen zurück, die seither arbeiten müssen. Diese in vielen Varianten aus Westafrika überlieferte mythologische Geschichte macht den durch eine Frau verübten Tabubruch zum „Sündenfall" für die Menschheit schlechthin (vgl. Schott 1982:128–132).

10. Starke Menschen in Erzählungen der Bulsa

Eine gewisse Bewunderung spricht aus Erzählungen, in denen Starke Menschen auftreten, die sich über Tabus hinwegsetzen und dank ihrer übernatürlichen Stärke alle Normen, die in der Gesellschaft der Menschen gelten, brechen. In Wahrheit zeigt ihre Stärke über-menschliche, ja eigentlich un-menschliche Kräfte an, und vielfach werden sie mit den *kikita* gleichgesetzt oder sind *kikita*, d. h. sie repräsentieren das Gegenbild zum Menschen, sie sind Wilde, „Buschwesen" oder „Himmelswesen".

An erster Stelle sind hier Erzählungen vom Typ „Sohn-von-zehn-Frauen" (Mot. T589.9+)[69] zu nennen. Nach einer Version (BUL-E0522) schwängert ein Starker Mann seine zehn Frauen am selben Tage. Die zehn Frauen gebären gemeinsam einen Sohn. Nach nur drei Tagen sagt das Kind zu seinem Vater, es wolle einen Stock zum Viehhüten haben. Der Vater gibt ihm einen aus Holz, aber der Knabe weist ihn zurück, und der Vater läßt schließlich alles Eisen in seinem Dorfe zusammentragen und daraus einen Stab schmieden; der Sohn-von-zehn-Frauen ist damit zufrieden. Wie das bei den Bulsa üblich ist, fordert er die anderen Hirtenjungen zum Ringkampf auf. Wenn er mit einem anderen ringt, schlägt er seinen Schädel gegen den des anderen Jungen; dessen Schädel bricht entzwei und er stirbt. Die Eltern der toten Knaben beschweren sich beim Vater von Sohn-von-zehn-Frauen, und dieser bittet ihn, fortzugehen.

Sohn-von-zehn-Frauen trifft unterwegs zwei riesige Starke Männer, die er mit seinem eisernen Stab erschlägt und dann wieder zum Leben erweckt. Sohn-von-zehn-Frauen geht mit ihnen auf die Jagd, „und wenn er zehn Elefanten erlegt hatte, war das nichts für ihn." Sohn-von-zehn-Frauen legt das erbeutete Fleisch auf einen Felsen, und einer der Starken Männer bewacht es, während Sohn-von-zehn-Frauen mit dem anderen auf die Jagd zieht. Vom Himmel kommt ein *kikiruk* und fragt den, der das Fleisch bewacht, ob er das Fleisch der zehn Elefanten oder den Starken Mann nehmen und verschlingen soll. Der Starke Mann rennt weg und das *kikiruk* verschlingt fünf Elefanten und nimmt fünf in seinem Sack in den Himmel mit. Das wiederholt sich mit dem anderen Starken Mann am nächsten Tage, und schließlich stellt Sohn-von-zehn-Frauen selbst das *kikiruk*. Dieses verschlingt Sohn-von-zehn-Frauen; Sohn-von-zehn-Frauen kommt aus dem Anus des *kikiruk* wieder hervor, nimmt seinen Eisenstab, schlägt das *kikiruk* tot, reißt ihm die Haare aus und wirft sie weg. Aus den Haaren entstehen die Felsen beim Orte Chuchuliga.[70]

---

[69] Von den Bulsa liegen mir folgende Versionen vor: BUL-E0438, BUL-E0522, BUL-E0587, BUL-E0652, BUL-E0806.
[70] Chuchuliga ist der nördlichste Bulsa-Ort im Nordosten des Bulsa-Landes, zwischen Sandema und Navrongo.

In einer anderen Version (BUL-E0438) gibt sich das frühreife Kind[71] selbst den Namen Sohn-von-zehn-Frauen, als sein Vater die zehn Frauen danach fragt, die ihn gemeinsam zur Welt gebracht haben. In dieser Version schickt Gott seinen Bullen, der ein Auge, ein Hinterbein und ein Vorderbein hat, zur Erde. Der Bulle, der auch als *kikiruk* bezeichnet wird, nimmt sich das von Sohn-von-zehn-Frauen und seinen Helfern erjagte Fleisch. Sohn-von-zehn-Frauen schlägt Gottes Bullen mit seinem Eisenstock; beide ringen miteinander bis zum Sonnenuntergang. Nach einer Pause setzen sie ihren Ringkampf fort, der tagelang dauert. Am vierten Tage sieht Gott, daß Sohn-von-zehn-Frauen stark ist. Er nimmt ein Seil, wirft es um den Hals von Sohn-von-zehn-Frauen und zieht ihn in den Himmel. Dasselbe tut Gott mit seinem Bullen. Beide wollen, daß Gott ihren Fall entscheidet, aber Gott hat keine Eile damit. Wann immer Sohn-von-zehn-Frauen und der Bulle sich im Himmel treffen, ringen sie miteinander und dies erzeugt das Geräusch von Donner und strömendem Regen.[72]

In einer weiteren Version (BUL-E0654) besucht Sohn-von-zehn-Frauen mit seinen Kindern seinen Vater, der ihnen zum Abschied eine Kuh schenkt. Der Erzähler sagt am Schluß der Geschichte: „Auf ihrem Heimweg sagte Sohn-von-zehn-Frauen: ‚Meine Kinder gingen mit mir zu meinem Vater und die Kuh wurde für sie geschlachtet. Wenn wir mit dem Fell der Kuh und mit ihrem Kopf nach Hause kommen, werden die Jungen sich darum streiten.' Dann sagte er, daß alle sich aufstellen sollten, er [Sohn-von-zehn-Frauen] wird [das Fell und den Kopf der Kuh in die Luft] werfen und sie sollten das Fell auffangen. Wessen Hände zuerst das Fell berührten, dem sollte es gehören.... Er ging hin, nahm das Fell [der Kuh] und warf es hoch und es wurde plötzlich zum Himmel. Dann warf er den Schwanz in die Höhe und er wurde zu den Sternen. Dann warf er den Kopf in die Höhe und er wurde zum Mond und zur Sonne." Eine andere Version dieser Mythe habe ich bereits früher im Originaltext, einer Interlinearübersetzung und einer freien Übersetzung veröffentlicht (vgl. Schott 1973/74:294 ff), dort wurde jedoch die Entstehung des Himmels aus einer Kuhhaut nicht mit dem Tun eines Starken Mannes, sondern mit einem Streit unter Männern in einem Gehöft in Verbindung gebracht.

11. Das religiöse Lebensgefühl und Ethos der Bulsa in ihren Erzählungen

Abschließend möchte ich versuchen, einige Aussagen über das religiöse Lebensgefühl und Grundkategorien des Religiösen sowie über das religiös begründete

---

[71] Vermutlich auch ein *Kikiruk;* vgl. oben S. 33 f. über die Eigenschaften von *Kikita.*

[72] Die Entstehung von Donner, Blitz und Regen wird in der Erzählung von den frevelhaften Zwillingen (BUL-E0523) auf den Kampf des Jungen mit einem *Kikiruk* am Himmel zurückgeführt (vgl. Schott 1970:61,66,75;Mot.A700.1,A.714,A.741,A.763).

Ethos der Bulsa auf der Grundlage ihrer Erzählungen zu treffen. Vorarbeiten hierzu habe ich bereits anderweitig veröffentlicht, so in der publizierten Fassung meines Vortrags über „Leben und Dichtung eines westafrikanischen Bauernvolkes" (SCHOTT 1970:76–82) und in einem Aufsatz über „Eidos und Ethos – Über einige Fragen der ethnographischen Inhaltsanalyse afrikanischer Erzählungen" (SCHOTT 1988b). In letzterem Aufsatz habe ich am Beispiel einer Motivanalyse von 24 Versionen einer Erzählung von der „aufgeschlitzten Schwangeren" zu zeigen versucht, was eine derartige Erzählung über das „Ethos", die Werteordnung der betreffenden Ethnien, aussagt.

Mehrere der mir vorliegenden Erzählungen der Bulsa verkünden mit Nachdruck, daß man auf Gott vertrauen soll. Gegen den Willen Gottes kann niemand den Helden der Geschichte töten (Mot. A185.2). Wie ich in meinem Aufsatz über „Gott in Erzählungen der Bulsa" (SCHOTT 1989b:267) ausgeführt habe, beginnt eine Erzählung der Bulsa (BUL-E0427) mit der Aussage: „Es lebte einmal ein Junge, der sagte: ,Wenn Gott es nicht zuläßt, wird ein Häuptling mich nie und nimmer töten!'" Der Häuptling will wissen, was der Junge damit meint, und dieser wiederholt daraufhin: „Wenn Gott es nicht zuläßt, kann ein Häuptling mich nicht überwältigen und töten. Wenn jedoch Gott dies zuläßt, wird ein Häuptling mich töten." Im Laufe der Erzählung versucht ein Häuptling, den Jungen, der dieses Gottvertrauen bekundete, auf die verschiedenste Weise zu töten, was ihm jedoch nicht gelingt. Die gleiche Botschaft verkündet die oben (S. 18) erwähnte Erzählung (BUL-E1300), in der der Held einem seiner Hunde den Namen gibt: „Wenn Gott dich nicht straft, kann dich niemand strafen". Dies provoziert den Häuptling, der versucht, den Mann zu töten, was ihm jedoch gegen den Willen Gottes nicht gelingt.

Wer jedoch nicht auf Gott vertraut, der unser aller Schicksal bestimmt, der wird von ihm gestraft. Erinnert sei in diesem Zusammenhang an die Erzählung (BUL-E0230), in der ein Mann, der vorwitzig die Frage stellt, weshalb er und seine Brüder eine ungleiche Anzahl von Kindern bekamen, stirbt und in einen Totengeist verwandelt wird. Sein Vater sagt ihm: „Gott hat dich getötet und zum Geist gemacht, weil du nicht auf mich gehört hast. Was immer du von Gott mitgebracht hast, das ist dein *wen*." Alles kommt von Gott.

In einer Geschichte (BUL-E1250) wird die Frage nach dem Grund für menschliches Unglück gestellt. Ein Blinder und ein Lepröser hausen in äußerstem Elend zusammen. Als ihr Haus zusammenfällt, sagt der Aussätzige zum Blinden: „Sieh, wenn der Tod dich nicht tötet, wird anderes Unglück dich nicht quälen",[73] d. h.

---

[73] „... *be nyaa kum dan kan ko fu, kanpiinta kan piinti fu!*" Wörtlich: ,... siehe / Tod / wenn / nicht / tötet / dich, / Unglück / nicht / quält / dich!' Das Wort *kanpiung*, pl. *kanpiinta* bedeutet nach KRÖGER s. d.: „misfortune, failure (to achieve an object)'. Das Verbum *piinti* bedeutet: „to be a problem (for sb.), to worry".

wohl so viel wie: Es kann immer noch schlimmer kommen, aber Schlimmeres als
den Tod gibt es nicht. Der Blinde fühlt sich durch die Worte des Leprösen etwas
ermutigt, aber der Lepröse sagt, während sie hoffnungslos im Regen sitzen: „Habe
ich [unversehrte] Füße, um wegzugehen? Wir wissen nicht, was wir tun sollen."
Der Blinde fordert den Lahmen auf, Hirsewasser zu holen, mit dem sie Heiligtümer nach Art eines Orakels befragen[74] und herausfinden können, wohin sie
gehen sollen, um einen Ort zum Schlafen zu finden. Der Aussätzige geht ins
Gehöft und fordert seine Frau auf, Hirse für ihn zu mahlen. Sie sagt jedoch, daß das
über ihre Kräfte gehe. Er solle ihr Hirse aus dem Speicher holen. Mit seinen verstümmelten Gliedern gelingt es ihm jedoch nicht, die Leiter zum Speicher zu
erklimmen. Schließlich sagt er: „Wir überlassen diese Angelegenheit dem Blinden,
der immer seinen Mund aufmacht und Dinge sagt und dasitzt und vor sich hinstam-
melt." Der Regen kommt, und der Lepröse beschimpft den Blinden: „Du stehst da
in deiner Dunkelheit und rufst mich – was willst du, das ich tue?" Der Blinde
antwortet: „Aussätziger, ich möchte, daß der Regen dich quält, aber es ist Gott
(wen), der uns beiden dies antat. Du schreist zu Gott und ich will auch den Namen
Gottes rufen, damit Gott dich segnet und das Wasser [des Sturzregens] dich gegen
eine Wand von Sträuchern tragen wird, wo starke Leute dich finden und wegtragen
und dich am folgenden Tage auflesen werden. Und Gott wird mich auch sehen, der
ich nicht sehen kann, und das Wasser [des Regens] wird mich auch in eine Ecke
tragen, so daß, wenn der Tag anbricht, gute Leute uns finden werden, die Mitleid
mit uns haben, uns sehen und eine Schlafstätte für uns finden werden. Gott wird
uns segnen, weil wir beide schon verloren sind." Der Lepröse wiederholt, was der
Blinde sagt. Das Regenwasser spült beide hinweg; sie finden sich in einem Haufen
Abfall wieder. Der Aussätzige fragt den Blinden, ob er nicht gesagt habe, daß Gott
sie segnen werde? Tatsächlich aber sei es sein vorwitziger Mund,[75] der seine Blindheit verursacht habe. Der Blinde sagt: „Ja, es ist auch dein vorwitziger Mund, der
deinen Aussatz verursacht hat!" Der Erzähler beendet seine Geschichte mit den
Worten: „Deshalb sagt man, es ist dein Mund, der dich so macht [wie du bist] und
es ist auch dein Magen,[76] der dich so macht. [D.h. dein Mund und dein Magen sind
die Ursachen deines Leidens, du selbst bist schuld an ihm.] Denn es gibt keinen
Blinden, der so von Gott geschaffen wurde; weil er schlechte Gedanken über
andere hatte, wurde er blind. Und der Mund des Aussätzigen hat ihn aussätzig
gemacht; es gibt niemanden, der Aussätzige erschafft." Das Theodizeeproblem

---

[74] Dazu wird in der Erzählung nichts Näheres ausgeführt.
[75] *Noai valimu*, wahrscheinlich gleich *valima*, v. „to be light (not heavy), to be weak ... *Biika noai
valima*. The child's mouth is weak (i.e. he readily reveals secrets)." KRÖGER s. d.
[76] *Poi*, def. *poni*, pl. *pue*: „1. stomach, belly (humans and animals) ... 2. *poi po* or *po po* (lit. in the stomach)
in the mind, in one's heart ..." KRÖGER s. d.

wird vom Erzähler also in der Weise gelöst, daß die Schuld für ein jedes Unglück dem Menschen selbst und seiner Eigensucht zugeschrieben wird.

Diese pessimistische Auffassung vom bösartigen Wesen des Menschen kommt auch in anderen Erzählungen zum Ausdruck. Die Bulsa-Erzählungen kennen kein sentimentales „happy end", wie die meisten europäischen Volksmärchen. Undankbarkeit und Bosheit sind unausrottbare menschliche Eigenschaften, die ins Verderben führen. Was wir als Unglück ansehen, betrachten die Bulsa als menschliche Schuld. In einer Erzählung (BUL-E0188) wird, wie vielfach auch in der Realität, Waisenkindern die Schuld am Tode ihrer Mutter angelastet. Sie leben allein, nachdem ihre Mutter gestorben ist und sie verlassen hat. Sie hungern und weinen. Gott holt sie zu sich in den Himmel und meint, daß sie etwas Böses getan haben, denn andernfalls hätte ihre Mutter sie nicht verlassen. Die Waisenkinder geben zu, daß sie erwogen haben, ihre Mutter zu töten. Gott gibt sie einem anderen Ehepaar, aber ihre Bosheit ist noch immer vorhanden.

Optimistisches Gottvertrauen paart sich in den Bulsa-Erzählungen mit pessimistischen Aussagen über Bosheit, Schuld und Leiden des Menschen.

12. Zusammenfassung und Schluß

Eingangs stellte ich die Frage: Lassen sich Erzählungen afrikanischer Völker als religionsethnologische Quellen benutzen? Darauf möchte ich abschließend aufgrund meiner Untersuchungen am Beispiel von Erzählungen der Bulsa folgendes antworten:

1. Zu Aussagen über die Religion eines afrikanischen Volkes wie der Bulsa können Erzählungen nur als zusätzliche Quellen herangezogen werden. Erzählungen sind nur zu verstehen und sachgerecht zu interpretieren aufgrund von Befunden, die vorweg mit den in der Ethnologie gebräuchlichen Methoden der teilnehmenden Beobachtung und der Informantenbefragung festgestellt wurden.

2. Der Quellenwert der afrikanischen Erzählungen ist begrenzt, weil sie in der Regel keine detaillierten Auskünfte über Sachverhalte geben, die den Erzählern und ihren Zuhörern selbstverständlich sind. Die Erzählungen schildern nur in seltenen Fällen die den Ethnographen besonders interessierenden Einzelheiten der Abläufe beispielsweise von religiösen Zeremonien, da diese Dinge jedem Einheimischen geläufig sind.

3. Der Quellenwert afrikanischer Erzählungen ist begrenzt auch dadurch, daß die handelnden Personen stereotyp dargestellt werden, so erstaunlich auch das sein mag, was sie in der Phantasiewelt des Märchens erleben oder bewirken. Der Häuptling, die Mutter, die kinderlose Frau, das Waisenkind, das mannbare Mädchen, das im Busch lebende *kikiruk,* der Hase, die Hyäne usw. sind Handlungsträger, die

ohne individuelle Züge in den Erzählungen auftreten, meist sogar ohne individuelle Eigennamen. Auch die in der Realität sehr komplexen Sozialbeziehungen
zwischen den Mitgliedern einer Gruppe werden auf wenige Grundmuster, gewöhnlich der polygam erweiterten Kleinfamilie, reduziert.

4. Der religionsethnologische Quellenwert der Erzählungen besteht vor allem
darin, daß sie gleichsam die „neuralgischen Punkte" der Religion des betreffenden
Volkes bezeichnen. Die Frage nach der „Willkür" des Schicksals, das einem jeden
von Gott bestimmt ist, das Geschlagensein mit Blindheit oder anderer Krankheit,
die uneingelösten Gelübde an Heiligtümer, von denen man sich Fruchtbarkeit,
Wohlstand und andere Segnungen verspricht, die Unsicherheit, wie sich Söhne
nach dem Tode des Vaters verhalten werden, die tödlichen Folgen der Auflehnung
eines heiratsunwilligen Mädchens gegen seine Eltern, die Auseinandersetzungen
mit bösartigen und schadenstiftenden Buschgeistern (*kikita*) und mit Totengeistern
(*kokta*) – diese und andere Konflikte nicht nur der Menschen untereinander, sondern auch zwischen den Menschen und den übernatürlichen Mächten, von denen
die Menschen sich abhängig wissen, bilden die Themen zahlreicher Erzählungen.
Sie geben somit Aufschluß über die ungelösten Probleme und die Lasten, die jede
Religion auf ihre Weise den Menschen auferlegt.

5. Afrikanische Erzählungen können vor allem als Quellen für Aussagen über
das religiös begründete Ethos einer Gesellschaft, ihre Werteordnung und ihr ent-
sprechende Werthaltungen, herangezogen werden. Am Beispiel der Erzählungen
der Bulsa in Nordghana habe ich zu zeigen versucht, daß die meisten Erzählungen
unabhängig von ihrem konkreten Inhalt eine bestimmte, meist moralische „Botschaft" vermitteln. ‚Gott ist Herr über Leben und Tod; der Mensch hat nicht das
Recht, ihm andere Menschen zu opfern und damit über ihr Leben zu verfügen'
(vgl. oben S. 17), ist beispielsweise eine dieser religiösen und zugleich ethischen
„Botschaften". Eine andere „Botschaft" dieser Art lautet: Man soll auch kleine
Kinder und Waisenkinder nicht gering achten; sie verfügen unter Umständen über
mehr religiöses Heil als ältere und stärkere Personen. Ein jeder soll die ihm im
Leben zugedachte Rolle annehmen. So sollen Mädchen, wenn sie ins heiratsfähige
Alter kommen, die Wahl ihres Ehemannes unter den Freiern nicht allzu sehr hin-
auszögern und sich damit ihrer Rolle als Ehefrau verweigern. Das Mädchen, das
dem aus der Fremde kommenden Freier in den Busch folgt, begibt sich damit ins
Unheil.

6. Der Wert afrikanischer Erzählungen als religionsethnologische Quellen liegt
vor allem in ihrer Authentizität; d. h. sie treffen Aussagen über religiöse Sachverhalte, die nicht der fremde Europäer durch möglicherweise den Glaubensvorstellungen und Kultpraktiken ganz unangemessene Fragen evoziert hat. Ebensowenig
handelt es sich in den Erzählungen um Aussagen über religiös bedeutsame Vor-
gänge oder Zustände, die der fremde Ethnograph beobachtet hat. Die Befragung

wie die Fremdbeobachtung sind zahlreichen Fehlerquellen ausgesetzt, auf die ich hier im einzelnen nicht eingehen kann. Demgegenüber sind Erzählungen, wie die hier vorgetragenen, im allgemeinen von Fremdeinflüssen und Verfälschungen frei. Selbstverständlich müssen die Erzählungen, um als religionsethnologische Quellen brauchbar zu sein, in der Sprache des betreffenden Volkes festgehalten werden, und vom Verständnis der uns fremden Sprache hängt es wesentlich ab, ob und wieweit sich diese Erzählungen als religionsethnologische Quellen erschließen lassen.

7. So wertvoll diese Erzählungen als nicht fremdbeeinflußte Zeugnisse sind, so sehr ist die Realität – was immer darunter verstanden werden mag – des in ihnen Geschilderten gerade auch in bezug auf religiöse Sachverhalte „verfremdet". Auch nach dem Verständnis der Afrikaner selbst stellen die Erzählungen fiktive Sachverhalte dar. Die inhaltlichen Aussagen der Erzählungen dürfen also keinesfalls als „bare Münze" genommen werden. Die religionsethnologischen Aussagen, die sich aufgrund der Erzählungen treffen lassen, liegen auf einer Ebene, die von der platten Realität des Alltagslebens, auch des religiösen Alltagslebens, abgehoben ist. Afrikanische Erzählungen sind mithin religionsethnologische Quellen, die Aussagen über das zulassen, was von der betreffenden Ethnie als das in der jeweiligen Religion Problematische angesehen wird.

Verzeichnis der im Vortrag häufiger verwendeten Begriffe

im Buli, der Sprache der Bulsa (Nord-Ghana), nach FRANZ KRÖGER: Dictionary Buli-English, unveröffentl. Manuskript[77]

baano, def. *baanowa,* pl. *baanoba* ‚Wahrsager, … jemand, der den Willen übernatürlicher Mächte, wie z.B. der Ahnen, der Erde … usw. erkundet …' und herausfindet, welche Opfergaben diese übernatürlichen Mächte vom Klienten verlangen. Demgegenüber spielt die Zukunftsvorhersage bei den ‚Wahrsagern' der Bulsa eine untergeordnete Rolle. Der sog. ‚Wahrsager' sagt oft selbst gar nichts oder so gut wie gar nichts, sondern sein Klient trägt ihm bzw. dem *jadok,* dem Schutz- oder Hilfsgeist des Wahrsagers, seine Anliegen vor. Der ‚Wahrsager' ist bei den Bulsa ein Medium des *jadok* und/oder der sonstigen übernatürlichen Mächte. Bei Unglücksfällen aller Art ist es die Pflicht des Gehöftherrn oder der Ältesten, einen ‚Wahrsager' zu konsultieren.

bogluk, def. *bogluku,* pl. *bogluta,* jeder ‚Schrein oder heilige Gegenstand, der Opfer erhält … *teng-bogluk* … Erdheiligtum, cf. *tanggbain.*'

jaab, def. *jaamu,* pl. *nganta,* ‚1. Ding …, etwas, irgendetwas, (neg.:) nichts … 2. Tier …, Biest , Bestie, Kreatur, Figur, Gestalt (z.B. nicht erkennbare Person), nicht identifizierter Geist (oder gebraucht, um die Erwähnung des Namens eines übernatürlichen Wesens zu vermeiden), Wesen, Person …, irgend jemand, irgendeiner …' In einer brieflichen Mitteilung schlägt Herr Dr. KRÖGER vor, das Wort *jaab* im vorliegenden Kontext durchgängig mit dem deutschen Wort „Wesen" zu übersetzen, zumal sich dies auch etymologisch durch Ableitung vom Verbum *jam,* „kommen, sein" begründen ließe.

juik, def. *juiku,* pl. *juita,* ‚Schwanz, Ende'. Brieflich teilt mir Herr Dr. FRANZ KRÖGER dazu mit, „… daß es sich hier [im vorliegenden Kontext] um ein ‚Juju' (magisches Mittel) handelt, das zur Ausstattung, Ausgehkleidung und Kriegskleidung von fast jedem Bulsa gehört, und das sowohl zur Verhütung von Schaden als auch selbst zum Schadenzauber benutzt werden kann."

kikiruk (dial. Sandema und Chuchuliga: *chichiruk*), def. *kikiruku,* pl. *kikita,* (Busch-)Geist, ‚Oger, Monster (meist bösartig, kann auch in deformierten und frühreifen Kindern oder in Zwillingen geboren werden …)'.

kisi, v. ‚1. verboten sein, tabuiert sein, zu meiden, ungehörig, unpassend, unschicklich sein; verbieten, tabuieren, meiden … 2. hassen … 3. sich zurückhalten.'

---

[77] Die nach KRÖGER s.d. zitierten Stellen stehen in einfachen Anführungszeichen; die Übersetzung vom Englischen ins Deutsche stammt von mir.

kok, def. *koku*, pl. *kokta* Totengeist, ‚Geist eines/einer Toten, der nicht ins Totenreich eingehen kann, z. B. weil er/sie bei Lebzeiten ein Hexer oder eine Hexe
[sakpak] war; *kokta* sind für lebende Personen immer schadenbringend; wenn
man *kokta* berührt, muß man sterben.‘

kusung, def. *kusungku*, pl. *kusungta* Schutzhütte (geschlossen) oder -dach (offen)
mit Sitz- und Liegegelegenheiten aus Balken vor dem Eingang zum Gehöft,
Aufenthalts- und Ruheort vor allem der Männer, Empfangsstätte für Fremde
und Gäste.

kpilima (nur pl., vom Verbum *kpi*, sterben) ‚(die) Toten, Ahnen, Leichname.‘

kpilung, def. *kpilungku*, (kein pl.) Totenreich, Totenland, Ort der Toten. Jeder
patrilineare Klan der Bulsa hat einen bestimmten Ort, zu dem die Toten ziehen –
eine bestimmte Wasserstelle, einen Baum, einen Berg. Bei Lebzeiten darf niemand in die Nähe des Totenreiches seines Klanes kommen, andernfalls stirbt er.

Naawen, Naawon ‚(*naab* Häuptling, *wen* [siehe dort] Himmel, Sonne, Gott), def.
Naaweni, (kein pl.) Gott . . .‘, Hoch- oder Himmelsgott.

sakpak, def. *sakpaka*, pl. *sakpaksa* ‚Hexe, Hexer, Zauberer‘.

sunsueli, def. *sunsuelini* oder *sunsueni*, pl. *sunsuelima* oder *sunsuema* . . . ‚Geschichte,
Erzählung, Märchen, Fabel.‘

tang-gbain, ‚(cf. *teng* Erde, *gbain* Fell, Leder) def. *tang-gbani*, pl. *tang-gbana* Erdheiligtum, Erdaltar, ‚Erdschrein; Geist des Erdschreines, heiliger Platz der Erdgott-
heit, der von einem Erdgeist bewohnt wird, welcher regelmäßig Opfer vom
(menschlichen) „Eigentümer" des *t.* erhält; es kann ein heiliger Hain, Baum,
Felsen, Berg, Fluß, See usw. sein; *t.*-Geister, die nicht mit einem speziellen Platz
verbunden sind, werden als schadenbringend angesehen (da sie keine Opfer
erhalten).‘

teng, def. *tengka*, pl. *tengsa* ‚1. Erde, Grund und Boden, ein Stück Land, Grund-
stück, Platz, Raum . . . 2. (die) Erde, Welt . . . 3. Erde (als Gottheit oder Heiligtum, vgl. auch *tang-gbain* . . .) 4. Land, Gebiet . . . 5. Stadt, Dorf, Siedlung . . .‘ Als
Homonyme des Wortes *teng* führt Kröger an: *teng²* „1. origin, cause, reason . . .
2. meaning, sense, significance"; *teng³* „used as postposition or adverb 1. by, near
(by), at, beside, next to . . . 2. under, below . . . 3. to, towards . . . 4. past . . . 5. (adv.)
down, on the ground." M. E. handelt es sich bei *teng²* und *teng³* um von *teng¹*
abgeleitete Begriffe.

wen, def. *weni*, pl. *wena* ‚1. Himmel . . . 2. Sonne . . . 3. Wetter, Klima . . . 4. Jahres-
zeit, Zeit . . . 5. Gott (der Hochgott im Himmel, vgl. *Naawen* . . .) 6. religiöser
Begriff, der das „alter ego" oder den „persönlichen Gott" eines Individuums
bezeichnet. Am Tage des *wen-piirika*-Zeremoniells [ein Ritual, bei dem das persönliche *wen* einer Person etabliert wird] kommt das *wen* einer Person von der
Sonne herab und geht in einen Stein eines *wenbogluk* [*wen*-Altar, vgl. *bogluk*], wo
es von da an als das *tuntueta-wen*, das „Speichel-*wen*", der betreffenden Person

[von ihr zu Lebzeiten] kultisch verehrt wird; da dieses persönliche *wen* auch für das Schicksal einer Person auf Erden verantwortlich ist, kann *wen* auch mit „Geschick, Schicksal, Glück und Unglück" übersetzt werden ...).' Nach dem Tode wird das in einem Stein verkörperte *wen* von den direkten Nachkommen kultisch verehrt, indem es beopfert wird.

Literatur

AARNE, ANTTI und THOMPSON, STITH ²1964: The Types of the Folktale. FFCommunications No. 184. Helsinki.

AGALIC, JAMES 1978: Story-Telling among the Bulsa of Northern Ghana. In: Zeitschrift für Ethnologie, Bd. 103, S. 261–278.

BAUMANN, HERMANN 1936: Schöpfung und Urzeit des Menschen im Mythus der afrikanischen Völker. Berlin.

BOAS, FRANZ 1916: Tsimshian Mythology. 31st Annual Report of the American Ethnological Society, Washington.

BOAS, FRANZ 1935: Kwakiutl Culture as Reflected in Mythology. Memoirs of the American Folk-Lore Society, Vol. XXVIII, New York.

CALAME-GRIAULE, GENEVIÈVE 1976: La calebasse brisée. Étude du thème initiatique dans quelques versions africaines des ‚Deux Filles‘. In: Cahiers de Littérature Orale, Bd. 1, S. 23–66.

FIRTH, J.R. 1970 [1957]: Ethnographic Analysis and Language with Reference to Malinowski's Views. In: RAYMOND FIRTH (Hrsg.): Man and Culture – An Evaluation of the Work of Bronislaw Malinowski. S. 93–118. London.

KABERRY, PHYLLIS 1970 [1957]: Malinowski's Contribution to Fieldwork Methods and the Writing of Ethnography. In: RAYMOND FIRTH (Hrsg.): Man and Culture – An Evaluation of the Work of Bronislaw Malinowski. S. 71–91. London.

KRÖGER, FRANZ 1978: Übergangsriten im Wandel – Kindheit, Reife und Heirat bei den Bulsa in Nord–Ghana. Kulturanthropologische Studien, Bd. 1, Hohenschäftlarn bei München.

KRÖGER, FRANZ 1982: Ancestor Worship among the Bulsa of Northern Ghana – Religious, Social and Economic Aspects. Kulturanthropologische Studien, Bd. 9, Hohenschäftlarn bei München.

KRÖGER, FRANZ s. d.: Dictionary Buli-English, unpubl. manuscript.

MALINOWSKI, BRONISLAW 1922: Argonauts of the Western Pacific. London.

MALINOWSKI, BRONISLAW 1935: Coral Gardens and Their Magic. 2 Bde., London.

OTTO, RUDOLPH 1947: Das Heilige – Über das Irrationale in der Idee des Göttlichen und sein Verhältnis zum Rationalen. 26.–28. Auflage. München.

RÖHRICH, LUTZ 1956: Märchen und Wirklichkeit – Eine volkskundliche Untersuchung. Wiesbaden.

SCHOTT, RÜDIGER 1970: Aus Leben und Dichtung eines westafrikanischen Bauernvolkes – Ergebnisse völkerkundlicher Forschungen bei den Bulsa in Nord-Ghana 1966/67. Arbeitsgemeinschaft für Forschung des Landes Nordrhein-Westfalen, Reihe Geisteswissenchaften, Band 163. Köln und Opladen.

SCHOTT, RÜDIGER 1973/74: Haus- und Wildtiere in der Religion der Bulsa (Nord-Ghana). In: Paideuma Bd. 19/20, S. 280–306.

SCHOTT, RÜDIGER 1982: Der gegessene Gott – Mensch und Kosmos in afrikanischen Weltbildern. In: HORST SEEBASS (Hrsg.): Die Entdeckung des Kosmos durch den Menschen, S. 89–135, Münster.

SCHOTT, RÜDIGER 1988 a: Les histoires d'enfants terribles chez les Bulsa (Ghana du Nord) et les Mossi (Burkina Faso) comme sources ethnographiques. In: W. J. G. MÖHLIG, H. JUNGRAITHMAYR und J.F. THIEL (Hrsg.): Die Oralliteratur in Afrika als Quelle zur Erforschung der traditionellen Kulturen, S. 125–138, Berlin.

SCHOTT, RÜDIGER 1988 b: Eidos und Ethos – Über einige Fragen der ethnographischen Inhaltsanalyse afrikanischer Erzählungen. In: Münchner Beiträge zur Völkerkunde, Bd. 1, S. 205–217.

SCHOTT, RÜDIGER 1989 a: Bericht über laufende Forschungen zur Motivanalyse afrikanischer Erzählungen im Seminar für Völkerkunde der Universität Münster. In: Fabula-Zeitschrift für Erzählforschung, Bd. 30, S. 83–95.
SCHOTT, RÜDIGER 1989 b: Gott in Erzählungen der Bulsa. In: Paideuma, Bd. 35, S. 257–272.
SEYDOU, CHRISTIANE 1984: Tales of ‚Butter Children‘: Variations on a Theme. In: Research in African Literature, Bd. 15, S. 312–331.
THOMPSON, STITH 1955: Motif-Index of Folk-Literature. Revised and Enlarged Edition. 6 Bde. Bloomington & Indianapolis.
VAN DER LEEUW, GERARDUS ²1956: Phänomenologie der Religion. Tübingen.

Diskussion

Herr Heissig: Ich habe zwei Informationsfragen. Mir fiel die Betonung der Figur des Hasen auf, und ich frage mich, wieso gerade der Hase? Steckt dahinter irgendeine totemistische Sache? Der hat ja fast ein wenig, wenn ich Sie richtig verstanden habe, die Züge eines Kulturheros an sich.

Herr Schott: Totemistische Züge spielen in den Erzählungen der Bulsa keine Rolle. In vielen ihrer Erzählungen wird der Hase als Trickster-Figur dargestellt. Dem Hasen entspricht in den Erzählungen der Völker des Waldgebietes im südlichen Westafrika die Spinne, die ebenfalls als Tier, soweit ich weiß, überhaupt keine religiöse Bedeutung hat. Die Spinne – wie in der nördlichen Savannenzone der Hase – tritt in sehr vielen Erzählungen auf und stellt durch alle möglichen Listen ihre Schlauheit unter Beweis. In manchen Erzählungen setzt sie sich mit Menschen auseinander, in anderen mit Tieren; sie geht meistens, aber nicht immer aus diesen Auseinandersetzungen als Sieger hervor.

Herr Heissig: Eine Annahme, daß er die Rolle eines Kulturheros oder eines Initiators hat, würde also falsch sein?

Herr Schott: Die Erzählung vom Hasen, die ich vorgetragen habe, ist in dieser Beziehung nicht typisch. Er wird im allgemeinen nicht als Kulturheros vorgestellt. Er ist aber eine Trickster-Figur in dem Sinne, daß sein Beispiel zeigt, wie man sich als schwaches Tier durch seine Schlauheit gegenüber viel stärkeren Tieren durchsetzen kann. Das ist die eigentliche Moral der meisten Geschichten dieses Typus: Schlauheit und Intelligenz bringen einen weiter als physische Stärke.

Herr Heissig: Das führt mich gleich zu der zweiten Frage. Ich habe den Eindruck, daß die meisten Ihrer Geschichten eigentlich ätiologische Bedeutung haben.

Herr Schott: Ja, sehr viele. Viele dieser Erzählungen begründen, warum heute bestimmte Dinge so und nicht anders sind, warum bestimmte Handlungen so und nicht anders verrichtet werden, warum bestimmte Tabus beobachtet werden usw. Solche ätiologischen Motive spielen natürlich in denjenigen Erzählungen, die etwas mit der Religion zu tun haben, eine besonders wichtige Rolle. Das ist jedoch nicht in allen Erzählungen der Fall.

Herr Lehmann: Sie sagten am Anfang, Sie hätten allein beim letzten Feldforschungsaufenthalt über 1000 Erzählungen aufgenommen. Später sagten Sie ein paarmal, Sie hätten eine Geschichte in mehreren Varianten vorliegen. Könnten Sie etwas darüber sagen, ob alle diese 1000 oder mehr Erzählungen in der vorliegenden Form Bestandteil der Tradition sind oder inwieweit sich die Erzähler auch als Dichter betätigen oder wenigstens traditionelle Themen variieren?

Herr Schott: Das ist eine schwer zu beantwortende Frage. Bestimmte Erzähltypen entsprechen dem, was Antti Aarne und Stith Thompson[1] aufgrund von Untersuchungen unserer Märchen einen Erzähltypus genannt haben. Ein solcher Erzähltypus ist gekennzeichnet durch die Abfolge bestimmter Episoden in einer bestimmten mehr oder weniger festgelegten Reihenfolge. Solche Erzähltypen schälen sich auch bei einer so großen Menge von Erzählungen heraus, wie meine Mitarbeiter und ich sie bei den Bulsa aufgenommen haben. Ich bin heute in der Lage, auf der Grundlage dieses umfangreichen Materials eine ganze Reihe von Erzähltypen anzuführen, wie etwa den des „Mädchenopfers", für den ich in meinem Vortrag eine Variante als Beispiel angeführt habe.

Mich erstaunt immer wieder der außerordentliche Variantenreichtum dieser Erzählungen. Unter den etwa 1300 Erzählungen, die mir von den Bulsa vorliegen, gibt es keine zwei, die sich Wort für Wort entsprechen, aber auch keine zwei, deren Motivfolge bis in alle Einzelheiten übereinstimmt. Ich habe sogar gleiche Erzählungen aufgenommen, die derselbe Erzähler im Abstand einer Reihe von Jahren wiedererzählte, und auch dabei lassen sich gewisse Abweichungen beider Erzählungen voneinander feststellen.

Andererseits spielt das reine Phantasieren beim Erzählen doch eine verhältnismäßig geringe Rolle. Bei einem Erzählabend sitzen ein oder zwei Dutzend, manchmal aber auch 50 oder gar 100 Leute herum. Von ihnen kann jeder erzählen, der erzählen kann. Jeder Erzähler hat dabei die Freiheit zu erzählen, was er will und wie er es erzählen will. Es wird ihm also nicht vorgeschrieben: In einem bestimmten Märchen vom Hasen beispielsweise ist der Gang der Geschichte so und nicht anders. Jeder Erzähler kann erzählen, was er will. Er oder sie wird auch niemals unterbrochen und niemals offen kritisiert. Die Frau oder der Mann, der jeden Satz des Erzählers wiederholt, wie das dem „respondierenden" Erzählstil der Bulsa ent-

---

[1] ANTTI AARNE und STITH THOMPSON: The Types of the Folktale, FFCommunications No. 184, Helsinki ²1961.

spricht, kann den Satz etwas variieren und er kann auf diese Weise bei lustigen Geschichten auch einen komischen Effekt erzeugen. Beim Erzählen sind also den Bulsa-Erzählern gewisse Variationsmöglichkeiten gegeben.

Das betrifft auch die Wahl der Motive, aus denen ein Erzähler seine Geschichte aufbaut – auch da hat er viel Freiheit. Im übrigen ist der Motivbestand der Bulsa-Erzählungen zwar außerordentlich reich, aber ist ist nicht unendlich groß. Die Erzähler halten sich bei ihren Erzählungen an einen bestimmten Motivkanon. Allerdings erzählen Leute, die heute aus dem südlichen Ghana kommen, gelegentlich auch Erzählungen, die nicht in dieses Motivschema passen. Eine solche Erzählung ist anhand des andersartigen Motivbestandes leicht als eine Erzählung zu erkennen, die nicht zur Tradition der Bulsa gehört.

Natürlich hat es immer schon Beeinflussungen von außen gegeben. Nördlich der Bulsa leben in unmittelbarer Nachbarschaft die zur selben Sprachfamilie der Gur-Sprachen gehörenden Kassena. Zwischen beiden Ethnien gibt es viele Heiratsbeziehungen. Daher kommt es häufig vor, daß Leute in Buli, der Sprache der Bulsa, Erzählungen vortragen, aber das zur Erzählung gehörende Lied in Kassem, der Sprache der Kassena singen. Dies ist für die meisten Bulsa-Zuhörer unverständlich.

Die Erzähltradition der Bulsa ist also nicht gegen die der Nachbarvölker abgeschottet. Unser in Münster betriebenes Forschungsvorhaben[2] zur Motivanalyse afrikanischer Erzählungen hat unter anderem den Zweck festzustellen, welche Erzählmotive in dieser Region weitverbreitet und welche auf die Erzählungen der Bulsa oder andere ethnische Gruppen beschränkt sind. Auf diese Weise hoffen wir, zu gesicherten Aussagen darüber zu kommen, was eigentlich die Erzähltradition bestimmter sprachlich und kulturell voneinander abgehobener Gruppen in diesem Gebiet ausmacht, was rein stammesmäßig gebundene Züge dieser Erzähltraditionen sind und was eben auch individuelle Züge in dem Sinne sind, daß einzelne Erzähler ihre Phantasie spielen lassen. Ich will nicht sagen, daß letzteres bei den Bulsa überhaupt nicht vorkommt, aber im großen und ganzen scheint es doch selten zu sein.

Herr Scholz: Ich möchte zwei Fragen stellen, wobei Sie die zweite Frage schon fast beantwortet haben. Dazu möchte ich aber gerne noch eine Ergänzungsfrage stellen. Das betrifft die Tradierung der Texte. Wir kennen ja aus der europäischen Folkloreforschung die Beobachtung von Sammlern, daß die Hörer den Erzähler unterbrechen und sagen, das sei „falsch", das müsse eigentlich so sein.

---

[2] Vgl. dazu RÜDIGER SCHOTT: Bericht über laufende Forschungen zur Motivanalyse afrikanischer Erzählungen im Seminar für Völkerkunde der Universität Münster. In: Fabula – Zeitschrift für Erzählforschung, Bd. 30, S. 83–95, Berlin 1989.

Bestimmte Märchenerzähler haben einen besonders guten Ruf, erzählen also immer „richtig", immer entsprechend der Tradition. Sie sagten vorhin, das sei hier nicht der Fall, es gebe keine direkte Kritik. Aber wie ist es mit der Kenntnis der Hörer in bezug auf die Erzählstoffe? Gibt es vielleicht hinterher eine Kritik? Haben manche Erzähler und Erzählerinnen einen besonders guten Ruf, weil sie besonders gut erzählen, wobei gut hier heißt: im Rahmen der vorhandenen Tradition, inhaltlich sowohl wie formal?

Herr Schott: Ich selbst ging bei meinen Erzählforschungen unter den Bulsa von der Voraussetzung aus, ich könne Erkundigungen einziehen, wer im Dorf als guter Erzähler gilt, und ich könne dann mit meinem Tonbandgerät zu ihm hingehen und aufnehmen, was er erzählt. Diese Annahme erwies sich als falsch.

Tagsüber Geschichten zu erzählen, ist gegen den guten Ton. Ich glaube nicht, daß dahinter irgendwelche religiösen Tabus stehen, sondern es ist halt üblich, daß man sich nach der Abendmahlzeit zur Erzählrunde zusammenfindet. Die Frauen kommen vom Feld nach Hause, richten die Abendmahlzeit und nach dem Essen, wenn alle gesättigt sind und Zeit haben, wird erzählt, zumal dann, wenn der Mond scheint.

Es kann, wie gesagt, jeder erzählen, der erzählen kann. Es kommt natürlich schon einmal vor – obwohl erstaunlicherweise, wie ich meine, relativ selten –, daß eine Erzählung verunglückt, daß Leute beim Erzählen plötzlich nicht mehr weiter wissen, den Faden verlieren und dann auch Motive in die Geschichte hineinnehmen, die überhaupt nicht zu ihr gehören.

Ich habe alles so aufgenommen, wie es mir erzählt wurde, und ich habe es sehr bald aufgegeben, nach guten Erzählern zu suchen. Wenn sich jemand in einer Gruppe von 50, 100 oder noch mehr Leuten als Erzähler exponiert, so wird er oder sie es im Regelfall nur tun, wenn er oder sie dies auch kann. Er oder sie steht ja unter der Kritik der Zuhörerschaft. Es gibt von dieser Regel auch Ausnahmen, aber meist treten doch als Erzähler nur Leute in Erscheinung, die gut erzählen können.

Es gibt jedoch bei den Bulsa – anders als bei manchen anderen Völkern Westafrikas – keine spezialisierten oder gar professionellen Geschichtenerzähler. Ich ging zunächst auch von der, wie sich herausstellte, falschen Voraussetzung aus, es seien alte Leute, die besonders gut erzählen. Das erwies sich jedoch ebenfalls als eine falsche Annahme. Ich kann mit meinem Erzählmaterial auch statistisch nachweisen, daß die meisten Erzähler der Altersstufe der Erwachsenen, etwa vom 30. bis zum 50. Lebensjahr, angehören. Ich nehme an, das hängt damit zusammen, daß die Erzählungen eine wichtige pädagogische Funktion haben. Leute mit heranwachsenden Kindern erzählen ihnen Geschichten mit einer bestimmten moralischen oder moralisierenden „Botschaft" am Ende. Diese pädagogische Funktion der Erzählungen und des Erzählens erklärt, weshalb Leute, die unmittelbar mit der

Kindererziehung zu tun haben, offenbar auch am ehesten in der Lage und willens sind, Erzählungen von sich zu geben, während es für die Alten ab etwa 60 Jahren doch etwas unter ihrer Würde ist, sich mit diesem Kinderkram abzugeben.

Als ich mit meinen ethnographischen Forschungen unter den Bulsa im September 1966 anfing, fragte ich den damals schon über 60 Jahre alten Paramount Chief der Bulsa, ob er mir nicht Geschichten erzählen könne. Das sei unter seiner Würde, ließ er mich wissen. Statt dessen erzählte er mir die historischen Traditionen seines Stammes. Sich mit Geschichte (*korum*) zu befassen, ist eines Mannes würdig; diese Überlieferungen haben nichts mit den märchenhaften Erzählungen (*sunsuelima* und *wa-magsima*) der Bulsa zu tun.

Herr Scholz: Meine andere Frage betrifft die Klassifizierung Ihrer Texte. Sie haben ja für diesen Vortrag, der mich sehr fasziniert hat, Texte ausgewählt, die eine Affinität zum Religionsgeschichtlichen haben. Aber Sie erwähnten zu Anfang auch, daß es sehr viele Texte gebe, die ähnlich wie unsere oder wie die europäischen Märchen seien.

Nun werden ja in der europäischen Märchenforschung die Märchen bekanntlich in ganz grobe Klassen eingeteilt, in Tiermärchen, Zaubermärchen und Alltagsmärchen, und alle drei unterscheiden sich von den Sagen oder Legenden. Nun wissen wir seit dem Buch von Propp – „Die Morphologie des Märchens" – jedenfalls für die Zaubermärchen, daß sie einen ganz festgefügten Handlungsrahmen haben, Funktionen, Handlungsträger usw. Ich will das hier nicht alles aufzählen.

In einigen der Geschichten, die Sie gebracht haben, in den *kikita*-Geschichten, kamen, wie Sie erwähnten, Elemente vor, die wir aus unseren Zaubermärchen in Europa kennen. Es war nicht gleich ganz deutlich, ob sie auch in einem festen Gefüge stehen. Nach Propp gibt es ja eine ganz bestimmte Reihenfolge dieser Funktionen. Manche können ausgelassen werden, aber manche dürfen nicht fehlen, manche sind obligatorisch.

Wie ist es bei den Geschichten, die Sie aufgezeichnet haben, bei den Geschichten, die unseren Märchen nahestehen? Haben die auch ein so festgefügtes Handlungsschema, eine Handlungsstruktur, auch was den Kreis der Personen, der Handlungsträger betrifft? Das schien mir so zu sein; denn Sie erwähnten, daß diese Handlungsträger zum Teil doch in recht hohem Maße abstrahiert sind. Aber wie ist es mit der Funktionskette? Gibt es da auch so ein festes Handlungsschema, wie Propp es für die europäischen oder in erster Linie für die russischen Zaubermärchen nachgewiesen hat?

Herr Schott: Ein dem Proppschen Schema genau analoges gibt es natürlich nicht. Ich glaube, Propp unterschied 31 Funktionen, die in einem Zaubermärchen auftauchen. Allerdings hat er aus den gesamten russischen Märchen 100 ausgewählt, die er als Zaubermärchen klassifizierte, so daß im Grunde schon vor der Analyse dieser Märchen feststand, zu welchem Typus diese Erzählungen gehören.

Wir sind in Münster dabei zu untersuchen, inwieweit bestimmte Strukturmerkmale in diesen Erzählungen auftauchen. Wir folgen dabei weitgehend den Untersuchungen von Lee Haring[3] über die Strukturen madegassischer Erzählungen. Wir stoßen dabei jedoch auf enorme Schwierigkeiten. Es ist uns jedenfalls bisher nicht gelungen, an den Bulsa-Erzählungen Strukturen im Proppschen Sinne eindeutig festzumachen. Der Aufbau dieser Erzählungen fluktuiert offenbar stärker, als dies bei den Proppschen Zaubermärchen der Fall ist.

Bei der Klassifikation der Bulsa-Erzählungen folgen wir in groben Zügen der Einteilung, die Antti Aarne und Stith Thompson in ihren „Types of the Folktale"[4] vorgenommen haben. Auf Tiererzählungen folgen in unserer Klassifikation Märchen oder, wie ich lieber mit einem neutraleren Ausdruck sage, Erzählungen, die soziale Beziehungen betreffen – also etwa Erzählungen über den Häuptling und seine Tochter, über die Beziehungen zwischen Ehegatten, Eltern und Kindern, den Mitfrauen eines polygamen Mannes usw. Eine weitere große Kategorie umfaßt Erzählungen, die sich mit übernatürlichen oder religiösen Wesen und Kräften befassen. Diese Einteilung beruht jedoch nicht auf Strukturmerkmalen, sondern klassifiziert die Erzählungen nach inhaltlichen Gesichtspunkten.

Herr Heissig: Der erste Teil meiner Frage ist schon beantwortet worden. Ich habe nur noch die Frage, ob die Erzähler bestimmte Formeln haben, die sie in Erzählungen immer wieder gebrauchen. Wir haben in der Epik oder in der sogenannten oralen Erzählweise immer wieder das Auftreten von Formeln. Das haben wir selbst in unseren europäischen Märchen, eben das „Spieglein, Spieglein an der Wand" usw., was auch in verschiedenen anderen Märchen immer wieder ähnlich geartet wiederkommt. Gibt es also irgendwie einen Formelgebrauch?

Herr Schott: In den Erzählungen selbst gibt es keine stereotypen Formeln, jedenfalls sind mir keine bekannt, die in verschiedenen Erzählungen wiederkehren. Wohl gibt es bestimmte Einleitungs- und vor allem Schlußformeln. Letztere bestehen oft aus bewußt unsinnigen Sätzen, mit denen der Erzähler anzeigt, daß seine Geschichte zu Ende ist.

In den Erzählungen selbst wird, wie das Beispiel der von mir an zweiter Stelle vorgetragenen Erzählung zeigt, oft dasselbe Motiv zu wiederholten Malen variiert: Der Vogel besingt etappenweise die einzelnen Schritte des Bierbrauens bis hin zur beabsichtigten Opferung des Mädchens auf dem Altar. Dabei wird in Liedform immer dieselbe Formel wiederholt.

[3] LEE HARING: Malagasy Tale Index; FF Communications No. 231, Helsinki 1982.
[4] Vgl. oben Fußnote 1.

Es gibt Erzählungen, bei denen ein und dieselbe Strophe Dutzende Male wiederholt wird. Bei vielen Erzählungen sind vor allem die Kinder begeistert, daß sie mitsingen können, während ihnen die Erzählung selbst unter Umständen gar nicht so wichtig ist.

Bei dem Liedgut, das mit diesen Erzählungen der Bulsa zusammenhängt, ist es nach meiner allerdings laienhaften Kenntnis des musikalischen Repertoires der Erzähler und ihres Publikums ertaunlich, wie außerordentlich abwechslungsreich sowohl das ist, was der Erzähler oder die Erzählerin singend vorträgt, als auch das, was die Zuhörerschaft darauf im Chorgesang antwortet. Herr Niemöller regte an, daß ich Proben dieses Liedgutes zusammenstelle, die in der musikethnologischen Abteilung des Instituts für Musikwissenschaft der Universität Köln untersucht werden sollen.

Herr Kötting: Nach den Darlegungen, die Sie gemacht haben, möchte ich fragen: Ist die Gottesvorstellung monotheistisch oder polytheistisch? Das ist für mich auch für die zweite Frage von Bedeutung: Wie ist die rassische Zusammengehörigkeit? Es ist bekannt, daß die Semiten im allgemeinen monotheistische Gottesvorstellungen haben, während die Indogermanen von Götterfamilie reden. Ich erinnere mich – das ist mir bei Ihrem Vortrag eingefallen –, daß ich einmal südlich von Tunis am Rande der Sahara auf diese Dinge zu sprechen kam und daß mir da gesagt wurde, in früheren Zeiten habe es einen guten Weg durch die Sahara gegeben, und die Bevölkerung sei rassisch mit denen verwandt. Was kann man dazu sagen?

Herr Schott: Es gibt, wie ich sagte, bei den Bulsa die Vorstellung von einem Himmelsgott, von einem Hochgott im wahrsten Sinne des Wortes. Der Himmel in seiner Gewaltigkeit wird geradezu mit Gott identifiziert. Beides wird schon vom Wort (*wen*) her nicht unterschieden, und es ist in vielen Erzählungen sehr schwierig zu entscheiden, wie man dieses Wort übersetzen soll, ob man „Himmel" oder „Gott" sagen soll. Wir gebrauchen bei uns ja auch das Wort „Himmel" – etwa in der Redensart: der Himmel möge das und das verhüten –, wenn wir Gott meinen. Aber für uns ist das ein Ausdruck der Symbolsprache, während es sich bei den Bulsa um eine weitgehende Identifikation von Himmel und Gott handelt.

Das Buli-Wort *naawen* setzt sich zusammen aus den Worten *nààb*, ‚Herr‘, ‚Herrscher‘, ‚Häuptling‘, ‚König‘ und *wen*, ‚Himmel‘; das Wort *naawen* bedeutet also wörtlich: ‚Herr des Himmels‘. Demnach wird der Himmel als Gegenstand des herrscherlichen Willens Gottes angesehen. Es gibt jedoch auch Erzählungen, in denen von ‚Kindern‘ oder ‚Söhnen‘ (*bisa*) Gottes die Rede ist, die von Gott gesandt werden und in das Leben der Menschen eingreifen. In einigen Erzählungen ist sogar von Frauen die Rede, die Gott hat, oder von Töchtern, die er aussendet, ja es wird sogar von einer Familie Gottes gesprochen. Gott wird wie ein mächtiger Gehöftherr dargestellt. Wie paßt das mit der sehr erhabenen Gottesvorstellung, nach der Gott mit dem Himmel gleichgesetzt wird, zusammen? Daß dieser Gott mit einer Familie behaftet sein soll, ist fraglos ein Paradox.

Es mag sein, daß die Erzählungen der Phantasie eben doch einen weiteren Spielraum lassen, als die mit der Religion im eigentlichen Sinne verbundenen Glaubensvorstellungen. Das will ich nicht ausschließen. Ihre Frage, ob es sich um einen Monotheismus oder um einen Polytheismus bei den Bulsa handelt, ist schwer zu beantworten. Ich würde sagen, es ist ein Monotheismus oder zumindest ein Henotheismus, also die Vorstellung von einem Gott, der über andere übernatürliche Wesen erhaben ist.

Es gibt bei vielen Völkern dieser Region eine dualistische Vorstellung von einem Paar, das Himmel und Erde bildet.[5] Bei den Bulsa habe ich diese Anschauung nicht ausgesprochen gefunden, aber bei benachbarten Völkern ist es gängige Meinung, daß Gott das männliche Prinzip darstellt und die Erde das weibliche. Das erinnert an chinesische Vorstellungen.

Ich bezweifle, daß diese Gottesvorstellungen in Afrika mit irgendwelchen physisch-anthropologischen Gegebenheiten zusammenhängen. Die Völker, um die es sich hier handelt, leben abseits der Handelsstraßen, die von der Sahara her in dieses Gebiet führten. Im übrigen sind die Gottesvorstellungen, von denen ich hier im Zusammenhang mit den Bulsa sprach, in ganz Afrika verbreitet.

Man hat immer wieder die Frage gestellt, ob und inwieweit hier Einflüsse des Christentums und vor allem des Islams vorliegen. Viele Züge der Gottesvorstellung der Bulsa, vor allem die Vorstellung, daß Gott Frauen und Kinder hat, sind sowohl dem Islam als auch dem Christentum völlig fremd.

Herr Mettmann: Ich möchte noch einmal auf die Frage von Herrn Lehmann und von Herrn Scholz zurückkommen, wie es mit der Überlieferung steht. Sind Ihnen bei Ihren Aufnahmen viele Fälle begegnet, in denen die gleiche Geschichte mit nur wenigen Varianten wiederholt wurde oder mit Varianten, die nicht bedeutsam sind? Nur das würde ja wirklich beweisen, daß es eine Tradition gegeben hat. Oder handelt es sich bei diesem Erzählen häufig nur um eine frei formulierte Verbindung von überlieferten, vorgegebenen Motiven? Haben Sie viele Beispiele dafür, daß Ihnen die gleiche Geschichte bei verschiedenen Erzählern wieder begegnet ist, auch mit räumlichem und mit zeitlichem Abstand?

Herr Schott: Ich würde sagen, es gibt beides. Es gibt die mit geringfügigen Abweichungen erzählten Varianten einer Erzählung; aufgrund unseres umfangreichen

---

[5] Vgl. dazu JÜRGEN ZWERNEMANN: Die Erde in Vorstellungswelt und Kultpraktiken der sudanischen Völker. Berlin 1968, besonders S. 30 ff.

Corpus von Erzählungen der Bulsa sind meine Mitarbeiter und ich in der Lage, solche Erzähltypen herauszuarbeiten. Wie ich schon sagte, stimmt keine Geschichte genau mit der anderen überein. Es sind also keine zwei Erzählungen wirklich identisch, aber es gibt schon eine ganze Anzahl von Erzählungen, die mit sehr geringen Varianten tradiert werden.

Solche Erzählungen haben wir auch an verschiedenen Orten der Bulsa aufgenommen. Besonders auf meiner letzten Reise habe ich mich bemüht, in fast allen der etwa 22 Siedlungen, in denen die Bulsa leben, Erzählungen aufzunehmen, um mir ein Bild davon machen zu können, wie groß die räumliche Variationsbreite der Erzählungen ist. Ich habe bisher nicht feststellen können, daß etwa zwischen dem nördlichen und südlichen Bulsa-Gebiet, obwohl es bestimmte Dialektunterschiede gibt, auch Unterschiede der Erzähltradition erkennbar sind. Es taucht also ein und dieselbe Erzählung mit geringfügigen Abweichungen in verschiedenen Ortschaften auf. Es ist sehr unwahrscheinlich, daß da ein Erzähler vom anderen sozusagen unmittelbar „abgeschrieben" hat, sondern eine solche Erzählung gehört zum gemeinsamen Traditionsbestand der Bulsa-Erzählungen schlechthin.

Auf der anderen Seite kann ich Fälle anführen, in denen der Erzähler sehr frei schaltet und waltet und z. B. aus zwei oder drei Erzählungen eine macht, indem er die Motive zusammenbringt und in mehr oder weniger geschickter Form zu einer Erzählung vereinigt. Manchmal gelingt das auch nicht; es gibt Erzählungen, in denen die Motive wie Kraut und Rüben durcheinandergehen und die keinen rechten Sinn ergeben.

Herr Mettmann: Kommt es auch vor, daß die gleiche Erzählung wiederholt, aber dann mit zusätzlichen Motiven ausgeschmückt wird, ohne daß der Sinn der Überlieferung, also der eigentliche Inhalt, verändert wird? Das ist bei der Überlieferung von Romanzen und Epen eine ganz normale Erscheinung. Wird auch irgendwie im Hinblick auf örtlichen Gegebenheiten aktualisiert, sich an diese angepaßt?

Herr Schott: Das gibt es selbstverständlich. Mir fiel auf, daß moderne Elemente, wie z. B. Autos, Polizisten usw., nur sehr selten in Erzählungen der Bulsa auftauchen. Es kommt hin und wieder vor, aber in Anbetracht der Zeit, in der die Bulsa inzwischen im Kontakt mit der westlichen Zivilisation sind, kommen solche Motive doch nur spärlich vor. Das ist, meine ich, auch ein Anzeichen dafür, daß es sich bei diesen Erzählungen um eine ziemlich festgefügte Tradition handelt, in die sich Fremdelemente nicht so ohne weiteres einfügen lassen.

Es gibt Erzähler, die sich bei ihren Erzählungen kurz fassen, die die Dinge, die sie vermitteln wollen, möglichst prägnant darstellen, während andere die Erzählungen mit Genuß ausschmücken und bisweilen sogar kein Ende finden.

Herr Mettmann: Merkwürdig ist ja, daß offenbar die kontrollierende Funktion der Zuhörer, des Publikums wegfällt.

Herr Schott: Ja, man ist sehr höflich. Ich habe es eigentlich so gut wie nie erlebt, daß ein Erzähler unterbrochen wird oder daß man ihm sagt: Du redest ja nur noch Unsinn. Selbst wenn die Erzähler schwer betrunken und ihrer Sinne nicht mehr ganz mächtig waren – auch das kam vor –, ließ man sie so lange erzählen, bis sie fertig waren, und erst dann erzählte ein anderer.

Mit Mr. James Agalic, einem meiner ghanaischen Mitarbeiter, der sich auch mit den Erzähltraditionen seines Volkes wissenschaftlich beschäftigt hat, habe ich mich über die Frage der Kritik am Erzähler und dem Erzählten unterhalten. Er sagte mir, daß es indirekte Formen der Kritik gibt, etwa dergestalt, daß man den kritisierten Erzähler im wahrsten Sinne des Wortes nicht mehr zu Worte kommen läßt, wenn er seine Erzählung beendet hat, sondern einen anderen weiter erzählen läßt. Ich habe es aber nie erlebt, daß es während einer Erzählrunde irgendwelche Diskussionen gab oder gar, daß man offen sagte, der und der sei ein schlechter Erzähler. Solange öffentlich erzählt wurde, wurde nie Kritik am Erzähler oder dem Erzählten geäußert.

Ich habe acht- bis zehnjährige Kinder in einer solchen Runde von Erwachsenen auftreten sehen, die frei von der Leber weg erzählten, und man ließ sie dies auch ohne weiteres tun. Ich war, wenn ich die Erzählungen später von Tonband abhörte und transkribieren ließ, oft erstaunt, wie gerade auch Kinder im Alter von zehn oder zwölf Jahren bisweilen besser erzählten als manche Erwachsene, die von ihrem Alter her als Erzähler vielleicht viel eher geeignet gewesen wären.

Herr Schüller: Eine Frage zum Thema religiös begründetes Ethos. Habe ich das richtig mitbekommen, daß auch die Überlegung vorgetragen wird: Gott ist Herr über Leben und Tod; also darf der Mensch sich nicht töten?

Herr Schott: Ja.

Herr Schüller: Das finde ich deshalb spannend, weil diese Überlegung schon in Platos Phaidon gegen die sittliche Zulässigkeit der Selbsttötung vorgetragen wird. Sie findet sich auch bei Thomas von Aquin und später bei vielen christlichen Theologen. Allerdings hat schon Juan de Lugo nachgewiesen, daß diese Überlegung kein schlüssiges Argument ist. Es handelt sich vielmehr um eine Variante des Gebrauchs einer metaethischen Aussage zum Zweck der Paränese. Anerkennt man so etwas wie das Recht auf Tötung in Notwehr? Hält man die Todesstrafe für sittlich legitim?

Herr Schott: Ja.

Herr Schüller: Wie begründet man das? Wenn es heißt, Gott allein sei Herr über Leben und Tod, der Mensch habe nicht das Recht zu töten, wie werden dann die genannten Ausnahmen begründet?

Herr Schott: Das ist ein Bereich, der uns nicht mehr unmittelbar zugänglich ist, sondern in dem wir uns ausschließlich auf Informantenaussagen verlassen müssen, und das ist natürlich problematisch. Nach solchen Aussagen war es früher so, daß wenn jemand im Gehöft wiederholt Diebstahl begangen oder – was auch heute noch ein anderes schweres Vergehen ist – wenn ein Mann mit der Frau eines Clangenossen Ehebruch begangen hatte, er getötet wurde, wobei weniger der Ehebruch als solcher, als vielmehr die Verletzung der Clansolidarität als gravierendes Vergehen angesehen wurde. Dem Tode verfallen war aber vor allem jemand, der in den Verdacht geriet, Hexer oder Hexe zu sein, also jemand, der sich ständig und auf schlimmste Weise antisozial verhielt. Hexen standen und stehen bei den Bulsa im Verdacht, nachts umherzuschweifen und andere Menschen bzw. ihre ‚Seelen' (*chiisa,* sing. *chiik*) zu verzehren. In solchen Fällen soll es früher vorgekommen sein, daß der oder die Betreffende an einen Pfahl gebunden und auf den Aschehaufen vor dem Gehöft in die Sonne gelegt wurde und man ihn oder sie dort liegen ließ, bis er oder sie in der Hitze umkam. Eine andere Methode der Tötung von Verbrechern bestand darin, daß man den Missetäter an einen Pfahl band, den Pfahl dann nach vorne schlug, so daß dem Delinquenten das Genick brach.[6] Bei diesen und anderen Tötungsarten wird kein Blut vergossen, um nicht die Erde als religiöse Macht zu beleidigen. In Ausnahmefällen, bei schweren, die Gemeinschaft gefährdenden Vergehen, konnten offenbar früher Leute getötet werden, ebenso bei kriegerischen Auseinandersetzungen, wie etwa bei Blutfehden zwischen verfeindeten Clans.[7]

Herr Schüller: Hat man sich denn überlegt, wie man das mit dem Satz „Gott allein ist der Herr über Leben und Tod" zusammenbringen kann?

Herr Schott: Nein.

Herr Schüller: So weit geht man nicht?

Herr Schott: Nein.

[6] Vgl. RÜDIGER SCHOTT: Triviales und Transzendentes: Einige Aspekte afrikanischer Rechtstraditionen unter besonderer Berücksichtigung der Bulsa in Nord-Ghana. In: WOLFGANG FIKENTSCHER u. a. (Hrsg.): Entstehung und Wandel rechtlicher Traditionen, S. 265–301, Freiburg u. München 1980, vgl. besonders S. 275, 283 ff.

[7] Vgl. RÜDIGER SCHOTT: Vengeance and Violence among the Bulsa of Northern Ghana. In: RAYMOND VERDIER (Hsrg.): La Vengeance, Bd. I, S. 167–199, Paris 1981.

Herr Besch: Wir haben in Ihrem Tonbeispiel gehört, daß eine Art ‚Gegenerzähler' oder, wie ich sagen darf, eine Art ‚Echoerzähler' kurze Sätze fast wortwörtlich und längere Passagen etwas verkürzt wiedergibt. Das ist für uns aus Mitteleuropa eigentlich völlig ungewöhnlich. Die Frage ist, welche Funktion der Echoerzähler in dieser kurzen Stakkatofrequenz haben kann. Ein ganz banaler Gedanke ist, daß das eine Lautsprecherverstärkung ist oder ein Mittel, das, was gesagt ist, auch für die Langsameren einprägsam zu machen. Oder ist es ein gemeinschaftsbindendes Element? Das wäre interessant.

Wenn ich noch eine zweite Frage anschließen darf, so bitte ich Sie, da nicht ‚allergisch' zu reagieren. Gibt es bei Ihren Forschungen mit Ihrer eigenen Kompetenz, was die Sprache angeht, und der Ihrer Helferinnen und Helfer so etwas wie letzte kleinere oder größere Sprachbarrieren? Das wäre in diesem Bereich natürlich wichtig. Zu solchen Ausdrücken gehören ja Konnotationen, die wir, wenn wir übersetzen, gar nicht oder nicht alle einfangen können. Es muß wahrscheinlich jedesmal eine Gewissensentscheidung sein, an einer bestimmten Stelle zu sagen, das ist ‚Gott' usw., weil es sofort auch bei uns Hörern Dinge evoziert, die gar nicht in den Denkhorizont gehören können. Wo sind die Grenzen?

Herr Schott: Zur ersten Frage muß ich bekennen, daß ich das nicht weiß. Ich habe verschiedene Leute gefragt, was das eigentlich soll, daß beim Erzählen jeder Satz von jemand anderem wiederholt wird. Es ist so Sitte, wurde mir gesagt. Welchen Sinn und Zweck es hat, weiß ich nicht. Während ein Satz wiederholt wird, hat der Erzähler die Möglichkeit, seine Gedanken zu sammeln und sich zu überlegen, was der nächste Satz sein soll.

Derjenige, der respondiert, der „Echoerzähler", hat seinerseits, wie ich schon andeutete, die Möglichkeit, subtile Kritik am Erzähler vorzubringen und einen schlechten Erzähler auf taktvolle Weise zu verbessern. Er kann gelegentlich auch die Sätze komisch verändern – dann gibt es Gelächter im Publikum. Aber der Respondent darf nicht zu weit von dem abweichen, was der Erzähler sagt, auch wenn das Erzählte nicht den Qualitätsnormen der Bulsa entspricht.

Das Wiederholen jedes einzelnen Satzes scheint eine Eigentümlichkeit der Bulsa zu sein. Bei allen Erzählungen, die ich unter den Bulsa aufgenommen habe, wurde das praktiziert (mit Ausnahme der allererersten Erzählungen, die mir als fremdem, mit den Bräuchen der Bulsa noch nicht vertrauten Europäer erzählt wurden). Außer dem Erzähler und seinem Respondenten darf niemand sonst sprechen, während die Erzählung vorgetragen wird. Ich habe es niemals erlebt, daß irgendjemand interferiert, wenn eine Erzählung zum Besten gegeben wird. Natürlich kommt es vor, daß das Publikum in Gelächter ausbricht oder gelegentlich auch anders, z.B. mit Zwischenrufen, reagiert. Aber während die Erzählung vorgetragen wird, beginnt nicht plötzlich jemand anderes zu sprechen. Die Wiederholung der einzelnen Sätze formalisiert den Erzählverlauf und hebt das Erzählen vom alltäglichen Sprechen ab. Erst wenn eine Erzählung definitiv beendet ist, kann jeder andere aus dem Publikum in beliebiger Reihenfolge mit einer neuen Erzählung beginnen.

Ihre zweite Frage betrifft einen Umstand, mit dem sich wahrscheinlich jeder Philologe herumplagen muß. Die von mir auf Tonband aufgenommenen Erzählungen der Bulsa wurden ausnahmslos von Einheimischen transkribiert. Selbstverständlich gibt es dabei Schwierigkeiten. Die Aufnahme einer Erzählung, die ich Ihnen vorgeführt habe, war von sehr guter Qualität. Aber wenn, wie es oft der Fall war, das liebe Vieh da herumwimmelt, wenn die zuhörenden Kinder unruhig sind oder andere Störungen auftreten, ist es auch für die Einheimischen selbst nachträglich schwer, das auf Band Aufgenommene zu verstehen. Ich habe überhaupt keine Erzählungen dort unter Studiobedingungen aufgenommen, sondern meine Aufnahmen wurden fast alle in Erzählrunden aufgenommen, bei denen es oft lebhaft herging. Da gibt es oft auch für jemanden, in dessen Muttersprache die Erzählungen aufgenommen wurden, erhebliche Verständnisschwierigkeiten, und erst recht natürlich für jemanden wie mich.

Wir sind in Münster in der glücklichen Lage, daß dort seit etwa acht Jahren Frau Margaret Lariba-Arnheim als Krankenschwester arbeitet. Frau Arnheim gehört zum Volk der Bulsa; sie hat mir bei der Transkription und auch bei der Übersetzung von Erzählungen sehr geholfen. Zahlreiche Texte bin ich mit ihr durchgegangen, um sie Wort für Wort auf ihre Richtigkeit zu überprüfen. Frau Arnheim ist – zu ihrem Lobe sei es gesagt – überaus gewissenhaft; sie hört sich etwas vom Band zehnmal an, wenn es sein muß, bevor sie halbwegs sicher ist, daß der Wortlaut stimmt.

Vor unüberwindliche Schwierigkeiten ist allerdings auch sie gestellt, wenn es um das Verständnis mancher Liedtexte geht. Die zu den Erzählungen gehörenden Lieder werden oft in einer altertümlichen, den Heutigen nicht mehr verständlichen Sprache oder sogar in einer Fremdsprache vorgetragen.

Manche Erzählungen habe ich vom selben Band von verschiedenen Leuten abschreiben lassen, um eine Kontrolle zu haben. Da stehe ich oft vor einem Rätsel, wieso der eine Abschreiber dieses heraushört und der andere etwas ganz anderes. Wie soll ich da als Europäer entscheiden, was die richtige Transkription ist? Ähnliche Schwierigkeiten gibt es dann auch bei der Übersetzung.

Sie haben völlig recht, daß die sprachlichen Schwierigkeiten enorm sind. Ich bin so weit, daß ich, wenn ein Text abgespielt wird, mit dem ich mich zuvor beschäftigt habe, ihn verstehen kann. Das macht mir keine Schwierigkeit. Ich kann auch die Texte und Übersetzungen kontrollieren. Aber es treten doch immer wieder Unklarheiten auf, die ich ohne fremde Hilfe nicht beseitigen kann. Das Hauptproblem ist jedoch, wie Wörter wie z.B. die für ‚Gott‘, ‚Geist‘, ‚Seele‘ usw. adäquat übersetzt werden können. Meine Mitarbeiter und ich helfen uns meist in der

Weise, daß wir mit erläuternden Fußnoten arbeiten oder Worterklärungen im Anhang bieten. Im Zweifelsfalle lassen wir die einheimischen Termini stehen, und der Leser muß dann halt im Wörterverzeichnis nachsehen, was darunter im einzelnen zu verstehen ist.

Herr Merkelbach: Ich will darauf zurückkommen, daß die Worte des Erzählers von einer zweiten Person wiederholt werden. Dies bedeutet für den Erzähler eine große Erleichterung, denn während sein Partner wiederholt, kann er seine Gedanken ordnen und die treffenden Worte finden.

Dafür habe ich zwei Parallelen zu bieten. Erstens ist es im finnischen Kalevala deutlich, daß es ursprünglich zwei Sänger gewesen sind, ein Vorsänger und ein Respondent, der immer den Vers des Vorgängers variierend wiederholt hat. Daß es zwei Sänger waren, ist in der Fassung, die Lännrot aufgeschrieben hat, nicht mehr deutlich erkennbar, obwohl natürlich der Parallelismus (die Wiederholung praktisch jeden Gedankens und Verses) noch durchgehend kenntlich ist. Aber gleich zu Anfang ist die Wechselrede der zwei Sänger ganz deutlich; es heißt da:[8]

> Goldner Freund, mein guter Bruder
> – komm, Gespiele meiner Kindheit,
> Komm, zugleich mit mir zu singen
> – einer um den andern reden
> da wir nun zusammenkamen
> – von zwei Seiten zueinander ...
> Laß uns Hand in Hand nun legen
> – Finger ineinander fügen,
> unsre liebsten Lieder singen,
> – unser allerbestes bringen
> usw.

Die zweite Parallele stammt aus dem byzantinischen Historiker Priskos. Priskos ist im Jahr 449 als Gesandter des Kaisers von Konstantinopel zum Hunnenkönig Attila in die Puszta gereist und hat im Heerlager an einem Festmahl teilgenommen. Dabei wurden Heldenlieder vorgetragen. Er berichtet darüber:

„Als es Abend wurde, zündete man Fackeln an, und es kamen zwei Barbaren und setzten sich dem Attila gegenüber und sangen Lieder im Versmaß, indem sie seine Siege und Heldentaten im Krieg besangen".[9]

---

[8] Kalevala. Das Nationalepos der Finnen. Nach der zweiten Ausgabe ins Deutsche übertragen von ANTON SCHIEFNER 1852, in neuer Übersetzung durch DAGMAR WELDING, Stuttgart 1948. – In der Diskussion wurde der Text natürlich nur sinngemäß referiert.
[9] Historici Graeci minores ed. L. DINDORF I 317, 12–15.

Es haben also zwei Sänger abwechselnd gesungen, ähnlich wie die Sänger im Kalevala.

Herr Schott: Vielen Dank. Das ist sehr interessant.

Herr Merkelbach: Dann komme ich noch einmal kurz auf das Wechseln von Prosa und Liedern zu sprechen. Wir nennen das manchmal Prosimetrum. Die Lieder bilden eine Art Gerüst für die Erzählung, sind Fixpunkte, welche der Erzähler auswendig kann; dabei kann er sich ein wenig ausruhen, und danach fährt er in seiner Erzählung fort. In der griechischen Literatur haben wir das Leben Homers und den Wettkampf Homers mit Hesiod in dieser Form. Im Altfranzösischen gibt es die Erzählung von Aucassin et Nicolette. Dort heißt es regelmäßig: „Und sie spielen und singen", und dann kommt eine Verseinlage.

Es ist vielleicht pedantisch, wenn ich noch auf Motive zu sprechen komme. Der Ring des Polykrates bei Herodot ist offensichtlich die letzte Quelle einer von Ihren Erzählungen. Dann haben Sie von dem „Ichweißschon" erzählt; das hat eine gewisse Ähnlichkeit mit der Odyssee, wo Odysseus den Polyphem hereinlegt, indem er behauptet, er heiße „Niemand"; als die anderen Riesen den Polyphem fragen, wer ihm geschadet habe, antwortet dieser: „Niemand" hat mir geschadet, und damit beruhigen sich die Riesen und gehen heim.

Auch über die Ursache des Todes gab es eine weitverbreitete Geschichte, die schon im Gilgamesch-Epos der Babylonier vorkommt und dann bei den Griechen: Am Anfang hat es ein Mittel gegen den Tod gegeben, aber die Menschen haben nicht aufgepaßt, und da hat die Schlange es verschlungen. So kann sie die alte Haut abwerfen und neu und frisch sein, im Gegensatz zu den Menschen. Bei Ihnen ist das ganz anders gewendet, aber es ist ein ähnliches Motiv.

Schließlich noch eine Frage: Sind unter Ihren Toten manchmal Menschen, die gewaltsam ums Leben gekommen sind? Oder sind es einfach nur irgendwelche Tote? In den antiken Texten sind die gewaltsam Umgekommenen eine besondere Kategorie, z. B. im Krieg Gefallene und Hingerichtete. Nah mit ihnen verwandt ist die Gruppe der vor der Zeit ums Leben Gekommenen: zu früh gestorbene Kinder, Mädchen, die vor der Hochzeit gestorben sind. Diese Gruppen der Toten sind nach den Meinungen der Alten viel mächtiger als gewöhnliche Tote.

Herr Schott: Um auf Ihre letzte Frage zu kommen: Das ist mir nicht geläufig. Bei den Bulsa spielt die Todesart für das Schicksal des Menschen nach seinem Tode keine Rolle – mit der Ausnahme des Selbstmordes. Über die Existenzweise der Toten gibt es verschiedene Aussagen. Sie gehen in ein bestimmtes Totenreich, das für jeden Clan lokalisiert ist – eine bestimmte Wasserstelle, ein Berg, ein Baum usw., also bestimmte Erdheiligtümer. Dort halten sich die Toten (*kpilima*) auf. Sie führen dort offenbar ein Leben, das ähnlich demjenigen ist, das sie hier führen. Aber sehr präzise Aussagen gibt es darüber nicht.

In einer Erzählung, die ich anführte, hatte jeder Tote ein Sitzleder. Das ist ein Fell oder Leder, das von dem Opfertier stammt, das für den Verstorbenen nach seinem Tode in einer bestimmten Weise entsprechend dem üblichen Totenritual geopfert wurde.

Die Todesursache als solche hat nichts mit der Existenzweise des oder der Verstorbenen nach dem Tode zu tun, wohl aber beeinflußt die Lebensführung vor dem Tode das weitere Schicksal des oder der Toten. Leute, die schon bei Lebzeiten als sogenannte ,Hexer' oder ,Hexen' (*sakpaksa*) existierten, also alle möglichen Missetaten bis hin zur Menschenfreserei begangen haben, werden nicht ins Totenreich eingelassen. Die „guten" Toten, die sich bei Lebzeiten normgerecht verhalten haben, weisen die „bösen" Toten ab; letztere kommen nicht ins Totenreich, sondern sie müssen ruhelos umherirren, sie kehren zurück zu ihren Verwandten und richten da weiteres Unheil an – wer einen Totengeist berührt, muß selbst sterben –, bis sie von Hyänen gefressen werden oder ertrinken. Wichtiger als die Todesart, die jemand erleidet, ist also die Frage: Wie hat er sich während seines Lebens verhalten?

Herr Lehmann: Ich möchte nur kurz etwas zu der Rolle des Zuhörers, der wiederholen muß, nachtragen. Das und auch das, was Herr Merkelbach aus anderen Kulturkreisen berichtet hat, scheint mir eigentlich nur eine extreme Form dessen zu sein, was einem offenbar in den verschiedensten Kulturkreisen über die ganze Welt begegnet, nämlich daß Erzählungen nicht monologisch ablaufen sollen. Das scheint eher eine Spezialität unserer eigenen Kultur zu sein, daß man es zuläßt oder vielleicht auch richtig findet, daß Erzählungen völlig monologisch über längere Strecken ablaufen. In den meisten anderen Fällen ist es so, daß die Zuhörerschaft ganz bestimmte festgelegte Rollen hat, daß die Leute zwischendurch sagen müssen „was du nicht sagst" oder „das ist ja toll" oder sonst irgendwie interagieren müssen.

Ich möchte annehmen, daß das den Zweck hat, auch diese Art von Textsorte nicht monologisch zu gestalten, daß auch hier die Sprachtätigkeit, um mich einmal humboldtisch auszudrücken, „gemeinschaftlich" stattfindet.

Herr Schott: Ja, das ist eine mir durchaus einleuchtende Erklärung, wiewohl man sagen muß: Im Vergleich zu manchen anderen afrikanischen Völkern, deren Erzählweise wir kennen, ist die Beteiligung des Publikums am Erzählen bei den Bulsa verhältnismäßig gering, wenn man absieht von dem oder der einen, der oder die jeden Satz des Erzählers wiederholt. Selbstverständlich gibt es Reaktionen des

Publikums, aber sie sind nicht in der Weise festgelegt, wie das von anderen afrikanischen Völkern bekannt ist.

Auch die Pantomimik des Erzählers ist bei den Bulsa relativ unterentwickelt. Es gehört also z.B. nicht zum Erzählstil, daß der Erzähler Tiere, die in der Erzählung etwas tun, in ihren Bewegungen nachahmt. Der Erzähler kann das tun, aber das geschieht doch verhältnismäßig selten. Ich habe den Eindruck, daß die Bulsa ein relativ distanziertes Verhältnis zum Erzählten haben. Jedenfalls geht die Identifikation des Erzählers mit dem Erzählten nicht so weit, daß das ganze Erzählgeschehen theatralisch aufgeführt wird.

Herr Herrmann: Bei solchen Erzählweisen blüht natürlich die „mündliche Tradition". Dies ist ein vielfältiger Begriff. Er spielt in zahlreichen Kulturen eine wichtige Rolle, auch in Europa und im Vorderen Orient. Mündliche Tradition wird für die frühen Stadien der meisten biblischen Überlieferungen angenommen.

Die Frage ist: Lassen sich diese europäischen und vorderorientalischen Erscheinungsformen auch nur entfernt mit dem vergleichen, was Sie uns vorgetragen haben? Darf man sich vorstellen, daß etwa die Erzählungen der Genesis ursprünglich eine Art Hirtenpoesie waren, die man sich am Lagerfeuer erzählte? Lassen sich dazu entfernte Parallelen finden? Ist es berechtigt, Ihre Beobachtungen aus Afrika zum Vergleich heranzuziehen?

Herr Schott: Das ist eine schwer zu beantwortende Frage. Ich habe keine Beispiele für die eigene Gattung der Geschichtserzählung (*korum*) angeführt. Geschichtliche Traditionen werden auch nicht in der Weise öffentlich vorgetragen, wie das bei sonstigen Erzählungen (*sunsuelima, wa-magsima*) der Fall ist. Geschichtserzählungen sind, man kann fast sagen, Privatwissen der einzelnen Clane und Familien.

Das ist ein eigener Bereich der mündlichen Tradition, über den ich vor allem während meiner zweiten Reise viele Informationen gesammelt habe. Es ist dies eine eigene Art der Tradition, die wohl mehr dem entspricht, wovon im Alten Testament die Rede ist, als die Erzählungen der Bulsa, über die ich heute sprach und die mehr den Charakter von Märchen haben. Aber es gibt auch in Afrika eine große Vielfalt von mündlichen Überlieferungsformen, die sich nicht ohne weiteres in unsere Kategorien einordnen lassen. Ich kann daher nicht Ihre Frage beantworten, wieweit sich stichhaltige Parallelen zu mündlichen Überlieferungen aus uns bekannten Kulturen ziehen lassen.

Herr Herrmann: Die Schwierigkeit besteht auch darin, daß die alttestamentlichen Überlieferungen uns in literarisch verfestigter Form vorliegen. Sie aber beobachteten lebendige mündliche Tradition. Deshalb ist die Frage von hohem

Interesse, ob wir den Übergang von mündlicher zu schriftlicher Tradition beob-
achten können, ob Sie Vorformen von dem hörten, was sich später schriftlich
niederschlug oder noch niederschlagen könnte. Gibt es, abgesehen von Ihnen,
noch andere Leute, die das mündlich Vorgetragene schriftlich festhalten?

Herr Schott: Ja, vor allen Dingen Lehrer. Schon im Lehrplan der Schulen, die
unseren Grundschulen entsprechen, steht, daß die einheimische Sprache soundso
viele Stunden pro Woche unterrichtet werden muß. Da standen die Lehrer
zunächst vor dem großen Problem, daß keinerlei Texte für den Unterricht vorhanden waren. Manche Lehrer haben dann Erzählungen, wie ich sie hier vorgetragen
habe, aufgeschrieben. Diese Texte benutzten und benutzen sie im Schulunterricht.
Es gibt inzwischen eine ganze Reihe solcher Textsammlungen, die in den Schulen
benutzt werden.

Dabei spielen allerdings die Probleme der Orthographie eine Rolle. Jede Konfes-
sion und der Staat Ghana haben ihre eigenen Vorstellungen, wie man diese Sprache
schriftlich festhält. Inzwischen hat Herr Dr. Franz Kröger, mein ehemaliger Dok-
torand, ein umfangreiches Wörterbuch Buli – Englisch verfaßt, das wohl auch
demnächst veröffentlicht wird. Er hatte den Ehrgeiz, diese Sprache mit einfachen
Zeichen unseres Alphabets zu schreiben, wie sie auf jeder Schreibmaschine zur Ver-
fügung stehen, also ohne alle diakritischen oder sonstigen Sonderzeichen. Ob
diese Schreibweise sich aber durchsetzen wird, ist eine offene Frage.

Veröffentlichungen
der Rheinisch-Westfälischen Akademie der Wissenschaften

Neuerscheinungen 1978 bis 1990